大陸看李登輝對
臺灣政治轉型與
分離主義的影響

張文生 編著

崧燁文化

目　　錄

內容簡介 / ００１
緒論 / ００３
　（一）研究的源起 / ００３
　（二）研究的理論、方法和路徑 / ００６
　（三）文獻流覽 / ００８
　（四）結構與主要內容 / ０１６
　（五）創新與不足 / ０１８

一、李登輝分裂主義政治路線的根源 / ０２１
第一節　李登輝分裂主義路線的思想根源 / ０２１
　（一）李登輝濃厚的日本情結 / ０２２
　（二）李登輝對國民黨政權白色恐怖統治的深刻記憶 / ０２９
　（三）李登輝思想中深厚的本土意識 / ０３４
第二節　李登輝分裂主義路線的社會與政治根源 / ０３８
　（一）戰後臺灣經濟發展推動了80年代末以後的社會政治轉型 / ０３９
　（二）臺灣政治轉型衝擊了臺灣社會的中國意識 / ０４１
　（三）社會文化多元化為分裂主義思潮的氾濫提供了空間 / ０４４
　（四）臺灣社會政治的本土化加劇了臺灣民眾對於大陸的疏離感 / ０４６

二、李登輝分裂主義政治路線產生與發展的現實背景 / ０５１
第一節　李登輝當政與國民黨的流派鬥爭 / ０５１
　（一）從李登輝繼位到國民黨「十三全」：國民黨主席之爭 / ０５２
　（二）二月政爭：國民黨內主流派與非主流派鬥爭的公開化 / ０５９

（三）從「肝膽相照」到「肝膽俱裂」：郝李矛盾的激化 / 064

（四）新黨成立：國民黨的分裂 / 067

（五）「林郝配」對「李連配」：非主流派的最後攻擊 / 069

（六）小結：國民黨流派鬥爭的本質 / 072

第二節 90年代的兩岸政治互動 / 073

（一）兩岸民間交流的開啟 / 074

（二）兩岸兩會的成立 / 076

（三）「九二共識」的形成 / 078

（四）辜汪會談 / 080

（五）江澤民主席八項主張的提出 / 082

（六）李登輝訪美與兩岸兩會談判的中止 / 083

（七）辜汪會晤 / 085

（八）小結：兩岸互動中的政治分歧 / 088

三、李登輝分裂主義路線在兩岸關係政治定位中的表現 / 091

第一節 李登輝時期臺灣當局對于兩岸關係政治定位的演變 / 091

（一）李登輝繼位之初堅持「只有一個中國，我們必須要統一」 / 093

（二）李登輝時期「一個中國、兩個對等政治實體」的兩岸關係定位 / 095

第二節 李登輝拋出「兩國論」的背景及其影響 / 105

（一）「兩國論」的實質：否定「一個中國原則」 / 105

（二）「兩國論」出爐的背景 / 108

（三）圍繞「兩國論」的政治鬥爭 / 112

（四）「兩國論」的影響 / 119

四、李登輝分裂主義路線在「外交」與「憲改」領域的表現 / 123

第一節 李登輝時期臺灣當局的「務實外交」/ 123

（一）臺灣當局推行「務實外交」的背景 / 123

（二）臺灣當局「務實外交」的具體舉措 / 128

（三）臺灣當局「務實外交」的本質與效果 / 140

第二節 李登輝推動臺灣「憲政體制」改革 / 147

（一）20世紀80年代以來臺灣社會要求政治改革的呼聲日益高漲 / 147

（二）「國是會議」的召開 / 151

（三）「一機關兩階段修憲」/ 153

（四）「總統直選」的爭議與1994年7月第三次「修憲」/ 158

（五）1997年7月第四次「修憲」/ 161

（六）1999年8月第五次「修憲」和2000年4月第六次「修憲」/ 165

（七）對於20世紀90年代李登輝推動臺灣「憲改」的評析 / 168

結語 / 173

參考文獻 / 181

內容簡介

　　李登輝的分裂主義政治路線是指李登輝當政時期以分裂為指向的意識形態和內外政策的總和，核心是李登輝在兩岸關係的政治定位上否定「一個中國」原則。本文透過全面和系統地分析李登輝分裂主義政治路線的根源、現實背景、歷史發展和政策表現，深刻揭露了李登輝分裂主義政治路線的本質和危害。

　　李登輝當政12年的時期是臺灣社會政治轉型的關鍵時期，由於主客觀的多方面原因，李登輝在島內推行分裂主義的政治路線，主要體現在大陸政策、「務實外交」、「憲政改革」等多方面，並且滲透到社會、經濟、文化、教育等諸多領域，給臺灣社會尤其是國家認同問題帶來了深刻的影響，也使得海峽兩岸的統一進程變得更加複雜、艱巨。

　　本文的創新之處在於透過研究李登輝個人早年的生活經歷和接受的教育、李登輝當政後面臨臺灣社會政治轉型的必然趨勢和台灣權力鬥爭格局的制約，以及兩岸在「一個中國」原則上的衝突，客觀而全面地分析了李登輝分裂主義政治路線的根源和現實背景，指出：李登輝分裂主義的政治路線是臺灣社會特殊歷史經驗的現實反映，也是20世紀80年代以來臺灣政治發展特殊歷程的客觀產物，是百年來「臺灣認同」異化的一個歷史階段。此外，本文還對於李登輝分裂主義政治路線在兩岸關係政治定位、「務實外交」和「憲政改革」上的表現進行了全面和系統地梳理。

　　本文的結論指出，李登輝分裂主義政治路線帶來的最大惡果，是「臺灣認同」的日益「臺獨化」傾向。只有臺灣的社會存在發生根本性的改變之後，才能最終消除分裂主義的社會意識。

緒 論

　　李登輝當政12年的時期是臺灣社會政治轉型的關鍵時期，由於主客觀的多方面原因，李登輝在台灣推行分裂主義的政治路線，主要體現在大陸政策、「務實外交」、「憲政改革」等多方面，並且滲透到社會、經濟、文化、教育等諸多領域，給臺灣社會尤其是國家認同問題帶來了深刻的影響，也使得海峽兩岸的統一進程變得更加複雜、艱巨。李登輝的分裂主義政治路線是本文深入研究和闡述的主題，本章針對研究的源起，研究的理論、方法和路徑，相關的文獻，本文的創新與不足等進行逐一的介紹。

（一）研究的源起

　　李登輝當政時期是臺灣社會政治轉型的關鍵時期。李登輝上臺之初，蔣經國留給臺灣社會的是追求國家統一、開放兩岸探親、開啟政治改革等等政治遺產；李登輝下臺後，留給臺灣社會的是「兩國論」、國民黨敗選、「臺獨」活動猖獗等等政治遺產。李登輝治臺12年，給臺灣社會和兩岸關係造成了惡劣的政治影響，「他成功地增大分離主義在臺灣的勢力」，「100年來的臺灣認同異化因此進入了一個新的階段」。李登輝本人也因此被打上了「民族分裂者」的烙印，受到海內外中國人的嚴厲批判，在中國歷史上留下了無法消除的千古罵名，「李登輝是一個民族分裂者。就當代歷史潮流而言，分裂不得人心，而他正是一個逆潮流而動的反動者；就中華民族而言，他企圖分裂祖國的領土和主權，是一個背叛者；對臺灣人民來說，他罔顧民意，是人民利益的損害者；對國際社會來說，他錯估形勢，是一個『麻煩製造者』。所有這些都注定了李登

輝失敗的命運。」

對於這樣一個關鍵時期的關鍵人物，及其所推行的分裂主義的內外政策，毫無疑問，具有深入研究和分析的現實必要和理論意義。

第一，透過探尋李登輝分裂主義政治路線的主客觀原因，有助於我們瞭解臺灣社會、政治和歷史的特殊性。「臺獨、分裂」的政治思潮在臺灣社會並不是純粹思想領域無中生有的產物，而是社會意識對於社會存在的一種特殊反映。臺灣民眾政治心態受特定時空背景和社會環境的影響，其形成有著諸多複雜的歷史背景和現實根源，具體到社會各階層和個人，情況又千差萬別。有的是基於歷史記憶，有的是基於個人經歷，有的是基於經濟利益，有的是基於政治教育，有的是基於輿論影響，種種因素，不一而足。不同的情況和原因造成不同的政治心態，因而呈現出多元化的政治傾向。李登輝經歷過日據時期的皇民化教育、戰後國民黨的白色恐怖統治，其個人政治經歷在臺灣社會具有代表性。透過對於李登輝個人政治思想及其發展歷程的剖析，有助於加深我們對於臺灣分裂主義的根源的認識。

第二，透過梳理和分析李登輝時期的臺灣政治發展與兩岸政治關係，有助於我們進一步理解臺灣政治發展的必然性與兩岸政治關係的複雜性。20世紀80年代以後，臺灣社會面臨的內外政治環境發生了巨大的改變，政治發展進入了一個關鍵性的轉型時期，呈現出民主化、本土化、多元化的特點，選舉逐漸成為主導臺灣政治生活的核心。「人創造環境，同樣環境也創造人。」政治人物為了謀取政治職位和鞏固政治權力，往往不擇手段，一方面，試圖影響和操縱民意走向、政治發展，另一方面，也不得不順應政治潮流，迎合民意需求。這也使得兩岸政治關係受到台灣政治發展與民意走向的制約，甚至受到臺灣對外關係的制約。透過研究和分析李登輝時期

的內外環境，有助於我們總結歷史經驗，加強涉臺政策分析與理論研究的客觀性和全面性。

第三，透過研究和剖析李登輝時期臺灣當局的政治主張和內外政策，有助於認清李登輝分裂主義政治路線的危害，有利於警示兩岸人民共同防範台灣分裂主義的威脅。分裂主義在臺灣社會有種種表現形式，其中有些是顯性的，是明顯的，是赤裸裸的「臺獨」主張和政策，易於為人們所認清和批判；但也有些是隱性的，是隱藏的，是被掩飾過的分裂主義主張和政策，具有極強的欺騙性，具有更大的危害性。作為李登輝分裂主義政治路線表現形式的種種政治主張，有的仍舊披著「一個中國」的政治外衣，有的打著「國家統一」的偽裝旗號，有的粉飾著「民主、自由、愛臺灣」的政治色彩，也因此，李登輝的分裂主義政治路線曾被稱作「獨臺」、「隱性臺獨」、「B型臺獨」等等。在李登輝當政時期，「國民黨由於其黨內派系矛盾及其政治需要，其『獨臺』路線表現得比較隱蔽，更多的是在一個中國（或『中華民國在臺灣』）的掩護下尋求重返聯合國，與大陸形成一個中國名義下兩個互無統屬關係的『獨立政治實體』。其『獨臺』傾向隱含在其大陸政策及外交政策中。」由於李登輝的分裂主義政治路線仍然披著「中華民國」的外衣，更加具有欺騙性，因而具有更強的危害性。剖析李登輝分裂主義政治路線的種種表現和危害，吸取歷史的經驗教訓，警示兩岸人民，尤其是臺灣當局的後繼者，只有堅持一個中國原則，才能維護兩岸關係的和平與穩定。維護國家領土與主權完整，是中華民族的最高利益，任何形式的分裂主義都將遭到海內外中國人的共同唾棄，任何形式的分裂政策都得不到海內外中國人的認同。

當然，作為筆者個人，選擇李登輝分裂主義政治路線作為研究的主題，直接原因是筆者參加了林仁川教授所主編的《臺灣通史》多卷本中當代歷史部分的撰寫。在研究和撰寫的過程中，對李登輝執政十二年的方方面面進行了較為全面和完整的梳理，並且接觸和

翻閱了李登輝時期臺灣當局內外政策的文獻、資料和相關著述，積累了較為豐富和全面的文獻資料，為進一步深入研究李登輝分裂主義政治路線打下了現實的基礎。

（二）研究的理論、方法和路徑

近年來，在臺灣問題研究中，哲學、政治學、社會學等學科的理論得到廣泛應用，本文也試圖應用政治學中政治社會化的理論解釋李登輝濃厚的日本情結形成的過程，當然，這只是在文中局部性的解釋與運用。作為全域性的理論應用，它必須是對全文所闡述的主題的因果關係具有解釋性的意義。「理論是對同一類現象發生的原因或導致的結果進行描述和解釋的一般性陳述，它由因果規律或假設、解釋以及前提條件幾部分組成。」「理論是一種因果規律（我已確定A導致B）或因果假設（我猜測A導致B），以及對這種因果規律或假設的解釋，從而說明A是如何導致B。」本文主要應用馬克思主義的唯物史觀，即社會存在決定社會意識的理論來解釋李登輝分裂主義政治路線的根源、表現及其發展。

馬克思主義唯物史觀認為，社會存在決定社會意識，社會意識依賴於社會存在、反映社會存在。李登輝分裂主義的政治路線雖然不為我們所喜歡，也是應當譴責與批判的錯誤路線，但是，它作為臺灣特殊歷史階段的社會意識，依然是臺灣社會存在的反映。「社會意識的內容有正確的，也有錯誤的，但不管正確還是錯誤，都是社會存在的反映，都可以在現實社會生活中找到它的根源。」李登輝分裂主義的政治路線是百年來臺灣社會特殊歷史經驗的現實反映，也是20世紀80年代以來臺灣政治發展特殊歷程的客觀產物，是百年來「臺灣認同」異化的一個歷史階段。馬克思和恩格斯在《德意志意識形態》一文中指出：「不是意識決定生活，而是生活決定意識。」李登輝分裂主義政治路線的形成和建構，是由李登輝個人

及其臺灣社會特殊的社會存在所決定的，是對臺灣特殊社會存在的反映，雖然某種程度上是虛幻的、錯誤的反映。「如果這些個人的現實關係的有意識的表現是虛幻的，如果他們在自己的觀念中把自己的現實顛倒過來，那麼這還是由他們的物質活動方式的侷限性以及由此而來的他們狹隘的社會關係所造成的。」

由於社會存在決定社會意識，由此也形成本書的結論，即李登輝分裂主義政治路線帶來的最大惡果，是「臺灣認同」的日益「臺獨化」傾向。因此，只有改變臺灣客觀的社會存在，才能最終改變臺灣的社會意識。透過兩岸交流等手段，逐漸促成兩岸經濟、社會、文化、教育、政治的一體化，徹底改造「臺獨、分裂」思潮的社會存在環境，最終才能完成「臺灣認同」異化的社會意識的改變，從根本上消除分裂主義的經濟、社會、文化和政治根源。

本文的研究方法主要是歷史方法，「所謂歷史方法，是研究社會科學常用的基本方法之一，它指的是根據事物存在的具體歷史條件，從它的發生、發展過程，進行研究的一種方法。」李登輝的分裂主義政治路線，有一個形成、發展的歷史過程，本文採用歷史方法，對它進行了較為全面的描述和剖析。其中包括對李登輝權力之路影響深遠的國民黨內流派鬥爭的發展，20世紀80年代末至2000年兩岸政治互動的演變，李登輝時期臺灣對於兩岸關係政治定位的變遷，臺灣「務實外交」與「憲政改革」的發展歷程等等。

「歷史方法就是按照發展的過程，把過去的政治現象置於特定的歷史背景中進行研究的方法。」李登輝的分裂主義政治路線曾經是影響兩岸關係的重要政治現象，當李登輝已經逐漸走入歷史，當李登輝時期的種種政治恩怨逐漸為人們所淡忘，把李登輝的分裂主義政治路線放在臺灣社會政治轉型與兩岸關係演變的歷史背景中，人們可以更加理性、更加清晰地看清楚李登輝分裂主義政治路線的來龍去脈和發展演變。經過一段時期的沉澱之後，人們對於相關的

歷史資料可以更加有效地比對，去偽存真，還原歷史的本來面目。當然，並非所有的歷史事實都已經公開，並非所有的歷史檔案都已經解密，比如20世紀90年代初的兩岸密使在香港的會談，至今仍然只能是個別報刊隻言片語的提及，因此，本文對兩岸密使的相關歷史並未涉及。

本文從李登輝分裂主義政治路線的根源、背景、表現、危害等多個層面進行綜合分析，深入解讀，以期透過歷史事實的歸納總結，揭示李登輝分裂主義路線的政治本質，揭示李登輝分裂主義政治路線種種表現形式和嚴重後果。首先，探尋了形成李登輝分裂主義政治路線的思想、政治與社會根源，對李登輝個人的思想歷程以及臺灣社會的特殊環境進行剖析；其次，從李登輝奪取和鞏固權力之路，以及兩岸政治關係的演變過程，分析李登輝分裂主義政治路線的現實政治背景；再次，從李登輝主政時期的大陸政策、「務實外交」和「憲政改革」三個層面集中分析了李登輝分裂主義路線的現實政策表現；最後，透過批判李登輝分裂主義的危害，揭示其給臺灣社會和兩岸關係帶來的現實影響。

（三）文獻流覽

由於歷史的方法是本文研究的主要方法，筆者主要是透過文獻資料收集、整理、分析的方法研究相關的歷史事實。雖然本文也試圖引用臺灣的相關民意調查資料，但定量的資料分析並非本文的主要研究方法。李登輝的分裂主義政治路線曾經長期主導臺灣的內外政策，涉及的層面既深又廣，相關的文獻資料更是浩如煙海。如何取捨和運用相關的文獻資料從一開始就是困擾筆者的主要問題，在研究的過程中，筆者不得不根據研究的相關內容的需要而重點應用不同的文獻資料。

對於李登輝分裂主義政治路線的研究，相關的文獻資料主要分佈在李登輝個人研究，以及李登輝時期臺灣的政治發展研究、兩岸政治關係研究、臺灣的內外政策研究等四大領域。筆者雖然儘可能提供全面、系統的歷史事實描述和分析，然而，相關的歷史事實散見在大量的書籍、政治檔、報刊當中，這也使得本文的研究受個人的能力、精力、時間、知識以及本文的篇幅所限，難免掛一漏萬。因此，有必要對本文應用的相關的文獻資料作全面的流覽，以使相關的讀者對本文的研究資料來源有所瞭解。

1.有關李登輝個人研究的文獻資料

有關李登輝的個人研究，主要集中在對於李登輝早年生活經歷的研究和當政時期兩個階段的研究。前者由於歷史資料的缺失，很大一部分來源於李登輝本人及其早年友人的相關回憶；後者既有李登輝本人的回憶，也有一些長期報導李登輝新聞的記者的整理回顧。

對於李登輝早年生活的研究，其中包括李登輝本人的片段回憶，但這方面的資料不多，其中李登輝與日本作家中嶋嶺雄合著的《亞洲的智略》、李登輝著的《臺灣的主張》對其個人青少年時期有所回憶，但也迴避了參加中共等等歷史事實。關於李登輝的早年生活，1995年範昭明著的《少年李登輝》有了較為全面的描述，由於作者進行了實地的走訪，資料也相對可靠。2008年臺灣歷史學者張炎憲出版口述歷史《李登輝「總統」訪談錄——早年生活》，是李登輝對自己早年生活經歷和思想歷程的較為完整、詳細和全面的敘述，具有重要的參考價值。至於李登輝參加中共的歷史，1988年李敖就曾經在香港發表文章予以披露；1989年李敖出版《共產黨李登輝》一書，但對相關史實描述並不準確。2000年臺灣作家藍博洲著《共產青年李登輝》對相關的歷史事實作了較為全面的訪問和分析，可是李登輝卻認為：「這本書很多所在都不是事實」。2004年

臺灣作家徐宗懋出版《關於李登輝同志的若干歷史問題》，對相關的當事人進行了採訪，在一定程度上還原了事實真相。2004年魏碧海在《軍事歷史》雜誌刊登「李登輝加入和脫離中共內幕——李登輝入黨介紹人吳克泰訪談錄」。2004年魏東昇在《黨史縱橫》雜誌發表「李登輝加入、脫離中共的真實內幕——專訪兩位當事人吳克泰、徐懋德先生」，對相關的歷史事實也有所還原。

對於李登輝當政階段的研究，資料則非常豐富。李登輝本人陸續透過合作、口述等方式出版了《臺灣的主張》（1999年）、李登輝與中嶋嶺雄合著《亞洲的智略》（2000年）、鄒景雯訪問整理的《李登輝執政告白實錄》（2001年）、上阪冬子著《虎口的「總統」——李登輝與曾文惠》（2001年）、《見證臺灣——蔣經國「總統」與我》（2004年）等書，從李登輝本人的角度對其當政時期的理念、權力鬥爭進行了露骨的披露。1993年，臺灣記者周玉蔻出版《李登輝的一千天1988-1992》，對李登輝繼任及國民黨內的流派鬥爭有詳盡的描述。此外，與李登輝進行過權力角逐的郝柏村、林洋港也透過專訪等形式出版過王力行著的《無愧：郝柏村的政治之旅》（1993年）、張曼溪著的《林洋港的「總統」之路》（1999年），對國民黨內的流派鬥爭的內幕有所揭露。2001年，臺灣著名記者陸鏗、馬西屏採訪了宋楚瑜、連戰、林洋港、郝柏村、李遠哲、蘇起、蔡英文等12位政治人物，結集出版了《別鬧了，登輝先生》一書，被訪者對《李登輝執政告白實錄》中的不實描述多有澄清和反駁。臺灣《聯合晚報》前社長黃年出版的系列書籍《李登輝的心靈寫真錄》（1998年）、《李登輝的憲法變奏曲》（1998年）、《李登輝「總統」的最後一千天》則主要是政論文章的結集，對研究相關歷史事實缺乏參考價值。

對李登輝個人進行專門研究的學術論文則不多見。大陸學者王茹1999年曾發表「李登輝的權威人格與臺灣的新強人政治」一文，以獨特的視角探尋李登輝早年性格特徵對其從政作風的影響。2001

年上海學者楊劍發表「領袖心理、公眾情緒和敵意的社會習得——李登輝現象的挫折攻擊理論分析」則從政治領袖與群眾的政治心理的角度論述了臺灣社會對大陸政治敵意的形成原因。

2.有關李登輝時期臺灣政治發展研究的文獻資料

這方面的資料相當豐富，兩岸學者從不同的角度對20世紀80年代末以來的臺灣政治發展進行瞭解讀。如1999年臺灣作家徐宗懋出版的《日本情結——從蔣介石到李登輝》揭示了戰後臺灣社會日本情結的發展演變；2000年劉紅教授出版的《從「執政」到「在野」》一書對李登輝當政時期國民黨的發展進行了全面的描述；2002年劉國深教授出版了《當代臺灣政治分析》一書，從政治學理論的角度對當代臺灣政治發展進行了深入的解讀；2004年陳孔立教授在臺灣出版的《臺灣學導論》一書則為當代臺灣政治的研究提供了寶貴的方法論指引。這幾本書均對於本文的撰寫具有重要的啟示與參考價值，為研究當代臺灣政治提供了不同的視野與方法。從1991年以來，全國臺灣研究會每年出版的臺灣各年度形勢回顧與展望系列叢書，也對於20世紀90年代臺灣社會政治發展提供了較為全面的資料與分析。

臺灣學者對於20世紀80年代末以來李登輝當政時期臺灣政治發展的全面研究與分析則比較缺乏，往往都是從某個視角如選舉、「憲改」、對外關係或兩岸關係進行闡述。因此，有關臺灣政治發展的詳細研究資料，主要來源於臺灣相關報紙的新聞報導，其中80年代末以來的《中國時報》，新華社出版的內部刊物《臺港澳情況》是本文的重要資料來源。

兩岸學者有關臺灣政治發展的學術論文也為數眾多，筆者只能選擇其中為我所用的部分，主要是大陸學者的研究成果。如1993年李強教授發表的「從『十四全』看國民黨內部矛盾」一文，對當時國民黨內的流派鬥爭進行了深入的分析；1993年王在希發表的「臺

灣『新黨』成立背景及發展趨勢分析」一文，對新黨成立的背景、前景和影響進行了剖析；1994年毛仲偉教授發表的「『臺獨』與『獨臺』的同一性和差異性及走向」，對民進黨的「臺獨」路線和李登輝的「獨臺」路線進行了深入的對比，對李登輝政治路線的「獨臺」本質進行了精闢的論述；1995年劉國深教授發表「試論百年來『臺灣認同』的異化問題」，對「臺灣認同」在臺灣社會百年來的演變進行了歷史性的解剖，揭示了認同問題在臺灣政治生活中的重要性；2000年劉紅教授發表了「李登輝是如何危害國民黨的？」一文，對李登輝在國民黨內權力鬥爭的手法和影響進行了分析。這些論文均對本文觀點的形成和論述的內容產生重要的影響。

3.有關李登輝時期兩岸政治關係發展研究的文獻資料

海峽兩岸有關李登輝時期兩岸政治關係的相關研究，成果也非常豐富。由國臺辦編寫的《中國臺灣問題外事人員讀本》（2006年）對李登輝時期的兩岸關係及其臺灣的內外政策有較為權威的論述。李登輝時期兩岸政治關係發展的相關資料也多數經過收集、整理，較為完整。1994年國臺辦編輯出版的《臺灣問題文獻資料選編》以及1997年中國社科院臺灣研究所編輯出版的《臺灣問題重要文獻資料彙編（1978.12-1996.12）》對於大陸對臺政策進行了完整的整理彙編；此後，從1997年開始海協會每年均編輯出版《重要檔選編》，整理彙編了當年大陸對臺政策的重要文件；2004年海峽兩岸關係協會編的《兩岸對話與談判重要文獻選編》，對20世紀90年代的兩岸談判的歷程及相關檔作了完整的編輯；2005年海協會出版《「九二共識」歷史存證》，將「九二共識」的相關文獻資料彙編成冊，這些均是研究兩岸政治關係和兩岸事務性談判的重要工具書。

臺灣學者對於兩岸政治關係的研究，以邵宗海教授2006年重新編訂出版的《兩岸關係》一書最為系統和全面。在相關的文獻資料

編撰方面，1998年陳志奇主編的《臺海兩岸關係實錄（1979—1997）》，以及2002年臺灣「國史館」「臺灣主權與一個中國論述大事記編輯小組」編輯出版的《臺灣主權與一個中國論述大事記》，對於兩岸關係的相關檔、檔案、史實也進行了一定程度的整理，當然由於作者的政治傾向，在資料的取捨和編輯的體繫上帶有明顯的政治傾向，但也為進一步查找相關文獻資料提供了相關的線索。1999年9月，臺灣的劉國基博士編輯出版了《「兩國論」全面觀察》，對李登輝拋出「兩國論」前後的海峽兩岸的相關文獻資料作了較為完整的收集整理，對於研究兩岸圍繞「兩國論」展開的鬥爭提供了有用的資料。

有關兩岸政治關係發展的學術論文，成果更是豐富。大陸學者較為集中地討論兩岸政治關係的定位問題，對李登輝違背一個中國的言行進行了深入的批判。1998年周志懷教授發表「關於1995-1996年臺海危機的思考」，對1995年前後臺海危機的特徵、原因、教訓進行了探討；1998年王升教授發表「一個中國的結與解」、劉佳雁教授發表「兩岸政治關係中『一個中國』問題之省思」，對於海峽兩岸在一個中國問題上的分歧進行了對比；1999年劉紅教授發表「關於『一個中國』原則的思考」，對一個中國原則的政治基礎、基本內涵、指導意義進行了論述；2001年黃嘉樹教授發表「『一個中國』內涵與兩岸關係」，對兩岸在一個中國問題上的爭執進行深入剖析，並試圖提出解決之道。這些都是大陸學者的代表之作。臺灣學者的觀點較為多元，既有為李登輝的政治路線辯護的，又有批判李登輝政治主張的。在《問題與研究》、《理論與政策》、《國是評論》、《中華戰略學刊》等雜誌都可以看到臺灣主流學者的大量論文，臺灣學者更多地是在某種理論框架之上建立個人的主張和觀點論述，較少對於臺灣政治發展和兩岸政治關係發展進行系統的歷史性描述。限於篇幅，同時由於政治立場的差異，本文較少採用臺灣學者的論文，因此不一一介紹。

4.有關李登輝時期臺灣的內外政策研究的文獻資料

對於李登輝時期臺灣的內外政策的研究,相關的成果也非常豐富。但是大陸學者的相關研究以學術論文為主,尤其是對於李登輝時期的大陸政策,大陸學者進行了持續而深入的研究和批判。如1990年周世躍發表「李登輝執政後『大陸政策』的調整」以及「國民黨大陸政策轉變的目的和原因」;1991年林勁發表「試論國民黨大陸政策的實質性轉變」;1994年楊梓發表了「李登輝大陸政策思想研究」,王升發表了「李登輝關於兩岸關係定位的主張之演變」,林勁發表「現階段臺灣大陸政策的基本目標及其影響」,餘克禮發表了「從『臺海兩岸關係說明書』看臺當局大陸政策的本質特徵」,曹治洲發表「臺灣大陸政策的癥結——兼評《臺海兩岸關係說明書》」;1995年楊毅周發表了「李登輝分裂主義批判」,林勁發表了「評李登輝的『臺灣生命共同體』」;1996年曹治洲發表「略論李登輝大陸政策的『臺獨』本質」;1999年劉國奮發表「李登輝謀求重新『定位』兩岸關係問題之分析」,黨朝勝發表「李登輝在意識形態領域的分裂活動簡述」,張文生發表了「新臺灣人主義評析」,周忠菲發表了「李登輝『兩國論』出臺的背景分析」;2000年劉文宗發表「背叛國家民族利益的『臺獨』自白書——評李登輝的《臺灣的主張》」等等,對李登輝當政時期的大陸政策的背景、成因、言行、內容、本質和影響均作了深入的剖析。

對於李登輝時期「務實外交」政策的研究,2000年劉國奮教授出版的《臺灣的「務實外交」》是大陸學者的代表作,對李登輝時期的「務實外交」政策有較為全面和系統的分析。至於學術論文,大陸學者的相關研究也非常深入,如1995年蕭敬、張黎宏發表「論臺灣推行『務實外交』對兩岸關係發展的衝擊」;1996年陳萍發表「試析臺灣的『務實外交』」;1997年趙寶煦教授發表「臺灣問題:影響中美關係的重要因素」;1999年汪慕恆發表「臺灣的『南向政策』評析」;2000年謝鬱發表了「1999年臺灣『務實外交』評

析」，劉國奮發表了「李登輝『務實外交』綜評」；2001年孫雲、董雲發表「冷戰後的中日關係與臺灣問題」；2003年馮邦彥、賴文鳳發表「臺灣『南向政策』透視」等等。這些論文對於李登輝時期臺灣推行的「務實外交」政策的各個方面均有所涉及，揭露了李登輝「務實外交」政策的分裂主義政治本質。

大陸學者對於臺灣在20世紀90年代以來推行的「憲政改革」也進行了深入的研究和分析。1992年王升發表的「臺灣『憲政體制改革』及其影響」對於臺灣兩階段「修憲」及其影響具有較為全面的論述；1994年楊立憲發表的「臺灣『憲政改革』再透視」，對臺灣前三次「憲改」的影響進行了剖析；1995年盛健、黨朝勝發表「試論臺灣『憲改』的法律作用」，對臺灣「憲改」的政治與法律後果進行了分析；1997年張文生發表的「臺灣第四次『修憲』與台灣政治鬥爭」對臺灣的第四次「修憲」的背景、鬥爭、內容和影響都有全面的分析和論述。

臺灣對於李登輝時期的內外政策的文獻資料則更加豐富。臺灣官方彙編的文獻資料包括李登輝的講話，如臺灣「行政院新聞局」歷年出版的李登輝《言論選集》，尤其是1991年出版的《統一是中國唯一的道路：李登輝先生言論選粹》，1992年出版的《開創未來——邁向中華民族的新時代》，已經成為對李登輝分裂主義政治路線的歷史反諷。此外，臺灣「外交部」出版的歷年的《「外交」年鑒》也是研究臺灣對外關係的重要資料。

臺灣學者的研究成果也是重要的文獻資料來源。1996年臺灣記者張慧英出版了《超級外交官：李登輝和他的「務實外交」》一書，對李登輝當政前期的「務實外交」作了詳細的紀錄。2005年戚嘉林博士出版《李登輝兩岸政策十二年》一書，對李登輝兩岸政策的背景、戰後臺灣的歷史進行了分析，有關李登輝兩岸政策部分反而著墨不多。2006年黃子華出版《李登輝的「治國理念」與政策》

一書，對於李登輝的「務實外交」、南向政策、大陸政策及其背景有所分析，但是顯得結構較為凌亂。臺大教授李炳南出版了多部著作，對李登輝時期的歷次「修憲」進行了持續的研究，如《「憲政」改革與「國是」會議》（1992年）、《不確定的「憲政」——第三階段「憲政」改革之研究》（1998年）、《二〇〇〇年臺灣「憲改」》（2004年）等論著，當然，他的研究更加側重於從「憲法學」的角度進行學理的分析。而2002年臺大的陳新民教授編撰出版的《1990年-2000年臺灣「修憲」紀實——十年「憲政」發展之見證》一書，對李登輝時期的「憲改」進行了全面的記錄，則是研究臺灣「憲改」史實的非常實用的資料整理和彙編。

另外，臺灣的博碩士論文中也有以李登輝時期及其內外政策為主題進行撰寫的，如2001年臺灣師範大學碩士研究生曾麗菁撰寫的畢業論文《李登輝時代第四次「修憲」議題之探討——以「中央政府體制」為例》；2004年臺大「國發所」碩士研究生黃安然撰寫的畢業論文《李登輝與戰後臺灣「憲法」變遷》；2007年中興大學國際政治研究所碩士研究生賴志遠撰寫的畢業論文《李登輝主政時期美中臺三邊關係之研究》；2007年臺灣政治大學政治學系博士研究生蘇子喬撰寫的博士論文《臺灣「憲政體制」的變遷軌跡（1991—2006）——歷史制度論的分析》；2008年暨南大學公共行政與政策學系碩士研究生李昭鈴撰寫的畢業論文《李登輝政治領導風格之研究》等等。

（四）結構與主要內容

政治路線（political route），是相對於具體工作路線而言，又稱為「基本路線」。政治路線是某個政黨或政治組織在一定歷史時期內為實現其綱領和目標而確定的政治目標和根本途徑。政治路線屬於社會意識的範疇，對於政治組織所有的政治行為和政治活動具

有指導性的意義。李登輝的分裂主義政治路線是指李登輝當政時期以分裂為指向的意識形態和內外政策的總和，核心是李登輝對於兩岸關係的政治定位，具體表現在大陸政策、「務實外交」和「憲政改革」等內外政策中。毫無疑問，李登輝的分裂主義政治路線也體現在臺灣「去中國化」的文化政策和「戒急用忍」的經濟政策中，但限於篇幅和本文把焦點集中在政治路線，本文對於李登輝分裂主義在經濟、文化和其他方面的表現未再涉及。

本文在結構上分為六部分，除了第一部分緒論，其餘各部分分別論述了李登輝分裂主義政治路線的根源、現實背景、歷史發展、政策表現、危害與批判。

緒論，介紹了本文寫作的源起，對李登輝分裂主義政治路線進行研究所使用的理論、方法和路徑，對本文研究所涉及的文獻資料進行了較為詳細和全面的介紹，對李登輝分裂主義政治路線的概念進行了界定，對本文的結構與主要內容作了分析，簡要介紹了本文的主要創新點與不足之處。

第一章李登輝分裂主義政治路線的根源，從思想根源、社會與政治根源兩個層面進行分析。李登輝個人早年的生活經歷和接受的教育使他個人形成了濃重的日本情結，留下了對國民黨政權白色恐怖統治的深刻記憶，個人的生活空間和權力鬥爭的現實使李登輝體現出深厚的本土意識，這些都為李登輝分裂主義政治路線的產生準備了主觀條件。當然，李登輝當政後面臨的臺灣政治轉型的必然趨勢和權力鬥爭格局的擠壓，以及臺灣社會的開放與多元，也為李登輝分裂主義政治路線的形成提供了客觀條件。

第二章李登輝分裂主義政治路線產生與發展的現實背景，從台灣政治鬥爭與兩岸政治互動兩個方面勾勒了李登輝分裂主義政治路線產生與發展的時代背景。國民黨內流派鬥爭交織著權力鬥爭、省籍矛盾、統「獨」衝突的現實，使李登輝難以擺脫從政治上倒向分

裂主義的格局；兩岸政治互動尤其是兩岸談判中的政治議題，使兩岸在「一個中國」原則上的衝突日益激烈和突出。

第三章李登輝分裂主義路線在兩岸關係政治定位中的表現。李登輝時期臺灣對於兩岸關係政治定位經歷了三個時期的發展，提出過「對等政治實體」、「分裂分治」、「中華民國在臺灣」、「階段性兩個中國」、「一個分治的中國」等主張，1999年李登輝拋出的「兩國論」則是李登輝分裂主義政治路線的總匯。本章分兩節，第一節李登輝時期臺灣對於兩岸關係政治定位的演變，對李登輝的分裂主義言行進行了歷史性地梳理；第二節李登輝拋出「兩國論」的背景及其影響，則對李登輝「兩國論」主張的背景、本質及其影響進行了深入分析。

第四章李登輝分裂主義路線在「外交」與「憲改」領域的表現，對李登輝分裂主義路線在臺灣的「務實外交」和「憲政改革」中的表現進行了分析，對李登輝時期臺灣的「務實外交」和「憲政改革」的進程作了歷史性的記錄和剖析。

結語，對李登輝分裂主義政治路線的危害和影響進行了集中分析與批判，指出李登輝分裂主義政治路線帶來的最大惡果，是「臺灣認同」的日益「臺獨化」傾向。並且指出只有臺灣的社會存在發生革命性的改變之後，才能最終消除分裂主義的社會意識。

（五）創新與不足

李登輝主政期間，大陸學者以及社會各界對李登輝的分裂主義言行多有分析和批判，但是在李登輝下臺後，從一個較為全面的回顧的視角重新審視和研究李登輝時期推行的分裂主義路線，本書是大膽的嘗試。作者努力遵循「歷史地、全面地、實事求是地認識臺灣」的宗旨，在以下幾個方面實現研究和理論的創新。

第一，本書從李登輝早年生活經歷和接受的教育來分析李登輝分裂主義的思想根源，具有一定的突破和創新。雖然一些臺灣學者也對李登輝早年的接受皇民化教育的背景有所揭露，但是並不客觀和全面。作為一個複雜的、現實的人，李登輝的早年生活和受教育經驗在臺灣社會具有典型性和代表性。二戰以後，臺灣民眾從民族矛盾的鬥爭中解放出來，隨即又陷入了階級矛盾的鬥爭中。處在雙重矛盾中的臺灣本省籍民眾，並不像中國共產黨領導下的大陸人民對民族矛盾與階級矛盾有清晰的劃分。以李登輝早年經歷為典型的臺灣戰後歷史經驗，使得臺灣民眾在認同問題上產生了迷茫與異化，給李登輝時期分裂主義政治路線的推行埋下了思想根源。本文在較為完整地收集和分析李登輝早年經歷的相關資料的基礎上，客觀地論述了李登輝早年經歷在思想上留下的深刻影響。

第二，本書試圖突破原有的以李登輝言論和主張為物件的研究範式，而把李登輝的分裂主義言行放在一個更加深遠和寬闊的歷史和現實背景中加以分析。從而可以看到，李登輝分裂主義政治路線作為臺灣的社會意識，作為中國歷史的一部分，具有特殊性；然而，作為臺灣的歷史和現實的一部分，則具有普遍性。李登輝的分裂主義政治路線並不完全是李登輝的個人意識的表現，而是臺灣社會一部分人的政治意識的集中表現，是臺灣的社會意識對於臺灣特殊的社會存在的反映。戰後臺灣經濟的發展為臺灣社會政治的轉型奠定了經濟基礎，中產階級的壯大為臺灣社會政治的轉型奠定了社會基礎，「黨外運動」的興起和民進黨的成立則為臺灣社會政治的轉型奠定了組織基礎。20世紀80年代中期以後，臺灣社會的民主化、多元化、本土化轉型成為無法阻擋的歷史潮流，同時也給分裂主義思潮的氾濫提供了發展空間，進一步強化了臺灣民眾對於祖國大陸的政治疏離感。李登輝分裂主義政治路線是對臺灣社會存在的反映，是臺灣社會現實在意識形態領域中的集中表現。

第三，本書系統和全面地梳理了李登輝分裂主義路線在兩岸關

係政治定位、「務實外交」、「憲政改革」三個層面的表現。對於臺灣的兩岸政治定位作了三個階段的劃分，並指出「兩國論」是李登輝分裂主義政治路線的總匯，是李登輝對其90年代「修憲」的階段性總結。本文也指出，李登輝主導的90年代臺灣「憲改」具有適應臺灣社會多元化、政治民主化的現實需要，然而，在六次「修憲」的過程中，始終或明或暗地存在著激烈的統「獨」對立和鬥爭。

第四，本書運用馬克思主義唯物論，客觀、全面地研究了李登輝分裂主義政治路線的根源和背景，探析了李登輝早年經歷、臺灣社會政治發展趨勢、國民黨內的流派鬥爭、兩岸政治互動對於李登輝分裂主義路線形成與發展的因果關係。並進一步指出，解決臺灣分裂主義社會意識的根本在於改變臺灣的社會環境，消除臺灣分裂主義意識的社會基礎。只有臺灣的社會存在發生根本性的改變之後，才能最終消除分裂主義的社會意識。

當然，由於資料來源和研究方法所限，本書也存在著一些不足之處，如缺乏對於李登輝中年時期的研究，尤其是李登輝前後兩次赴美留學，對李登輝政治思想的形成產生了較大影響，相關資料有待進一步蒐集和補充；對於李登輝分裂主義路線在文化、教育、經濟領域的表現，也有待於進一步研究和充實；部分資料轉引自新華通訊社的內部刊物《臺港澳情況》以及《臺灣問題文獻資料選編》等書，造成個別引文註釋的規範不一致的情況。

一、李登輝分裂主義政治路線的根源

第一節　李登輝分裂主義路線的思想根源

「社會意識是指社會的精神生產過程,是對社會存在的反映,包括人們的政治法律思想、道德、藝術、宗教、科學和哲學等意識形態及感情、風俗習慣等社會心理。」根據社會意識對社會存在反映的不同層次,可以分為社會心理和社會意識形式,其中社會心理是直接與日常生活相聯繫的一種自發的、不定型的意識;社會意識形式是反映社會存在比較自覺的、定型化的意識;社會心理對於社會意識形態的形成起著奠基與推動作用。李登輝在其執政中期以後暴露出來的分裂主義政治路線,既是臺灣社會發展客觀現實推動下的結果,也是李登輝個人長期以來深藏內心的政治心理逐漸發展成為社會意識形式的產物。應當指出,李登輝的青少年時代,並沒有明顯而濃烈的「臺獨」意識,個人的心理體驗才是李登輝在青少年時期的關注焦點,其中包括「男女之間的感情問題」、「生與死的問題」、「社會的不公平問題」等。隨著年齡的增長,李登輝開始對中國問題感興趣,但是由於他個人特殊的政治經歷,以及受日本教育的影響,對中國政治、經濟、社會、文化等方方面面懷抱著深刻的批判態度。這是導致其執政後推行分裂主義路線的思想根源。「思想、觀念、意識的生產最初是直接與人們的物質活動,與人們的物質交往,與現實生活的語言交織在一起的。觀念、思維、人們的精神交往在這裡還是人們物質關係的直接產物。」當然,李登輝

早年的社會經歷也是臺灣社會特殊的社會存在，李登輝個人生活與成長經歷在臺灣社會具有一定的典型性，李登輝及其同時代的許多臺灣民眾在相似的歷史際遇中形成了相近的社會意識。

（一）李登輝濃厚的日本情結

1984年2月15日，國民黨召開「十一大一中全會」，蔣經國提名李登輝為「副總統」候選人，在提名書中寫道：「李登輝同志為臺灣省臺北縣人，出身農家，少時即痛心邦國為日人侵凌，富有民族意識。」然而，蔣經國恐怕想不到，10年以後，繼任者李登輝卻常常以「22歲以前是一個日本人」自居，一個所謂「富有民族意識」的人竟然表現出如此濃厚的日本情結。

1994年4月，日本《朝日新聞》發表李登輝與日本作家司馬遼太郎的對談錄，即「孤島的痛苦——生為臺灣人的悲哀」一文。「談話」被認為是李登輝「內心秘密的一次大曝光」，李登輝在對話中稱自己「22歲以前是一個日本人」。22歲以前正是一個人身心健康、思想感情、政治意識形成的過程，是認識政治世界的過程，是政治體系經由各種途徑，使其成員發展出共同的「認同」、「政治價值」和「政治效忠」的過程，即政治社會化的過程。「政治社會化過程有一個特性，便是政治體系的成員在早期經驗中所獲得及形成的政治認同、價值及效忠，一旦生根，便很不容易加以改變，而成其性格的一部分」。李登輝出生、成長、接受教育都是在日本殖民統治臺灣的時代，他的內心自白無疑揭示出日本文化對其政治社會化的深刻影響。

理查·E·唐森和肯尼斯·普熱維特認為，政治社會化是公民獲得其對政治世界的認識的過程，是一代人將其政治標準和信仰傳給下一代的一種方式。政治社會化的途徑包括家庭、學校、社會共

同體和大眾傳播媒介四種主要途徑。李登輝成長的過程正是日本對臺灣的殖民統治相對穩固的階段，其政治社會化的途徑都不可避免地受到日本殖民統治的影響和控制。

　　1.家庭途徑

　　李登輝是1923年1月15日出生於臺北縣三芝鄉埔坪村源興居，其父親是李金龍，母親是江綿，為地方保正之女。出生和成長於臺灣人的家庭，李登輝不可能沒有日據時期臺灣民眾受日本殖民者歧視的普遍感受。但是相對而言，李登輝的家庭又是附屬於並為日本殖民統治服務的家庭，李登輝的父親李金龍畢業於日據時期的員警學校（員警官練習所），曾經擔任10多年的刑警。李登輝曾經非常自豪地表示：「當時在臺灣，僅有少數人能就讀員警學校，和公費師範學校畢業的老師一樣，都屬於社會的『菁英階層』。」正是出生於日據時期相對富裕的菁英階層、統治階層的家庭，支撐了李登輝求學的道路，形塑了李登輝最初的社會意識，甚至反映在李登輝外在的性格中，即強烈的自我意識、孤傲的性格。這種性格甚至於對成年後的李登輝仍然產生了深刻的影響。此外，李登輝在家排行老二，其長兄為李登欽，1940年日本在臺灣推行改姓名運動，李登輝曾改名為岩裡政男，李登欽改名為岩裡武則。1945年李登欽為日軍徵召遠赴南洋，戰死在菲律賓，這也為李登輝當政後有意訪問日本並參拜靖國神社找到了藉口。可見，李登輝執政時表現出強烈的親日色彩和自我傾向，與他成長的家庭背景不能說沒有關係。

　　2.學校途徑

　　李登輝在日據時期經歷了求學的小學、中學和大學三個階段，而且這三個階段均是在日本人所控制的學校或日本的學校就讀的。李登輝所接受的教育是日本式的教育，教師大多是日本教師，在學校用日語教材，灌輸日本軍國主義思想。李登輝曾經自己承認：「我接受正統的日本式教育，當然也深受日本傳統的影響」。「我

成長於日本統治時期的臺灣，所以先是接受正統的日本教育，戰後接受中國的教育，然後又到美國留學。但對我的人生而言，影響最大的，還是日治時代的教育」。

表1：李登輝的在日據時期的求學經歷

時間	學校	年級	備註
1929 年	汐止公學校	一、二、三年級	李登輝6歲開始上學，小學階段，李登輝因父親工作關係頻繁轉學，先後讀過四所小學。
1931 年	南港公學校	三年級	
1932 年	三芝公學校	四、五年級	
1934 年	淡水公學校	六年級	
1935 年	淡水公學校	高等科	李登輝12歲小學畢業，未能考上師範學校和中學，只好返回淡水公學校讀高等科。
1937 年	台北國民中學	一年級	
1938 年	淡水中學	二年級	
1941 年	台北高等學校		
1943 年	日本京都帝國大學農學部農林經濟學科		1945年日本戰敗，1946年李登輝返台改讀台灣大學農業經濟系。

資料來源：作者根據李登輝著《臺灣的主張》第316—319頁，附錄二：「李登輝先生年表」整理製錶。

政治社會化是政治文化的教育訓練過程，學校是政治社會化的重要載體，是正式的、有效的和系統化的政治社會化管道。學校透過正規的、系統的、長期的教育，有意識、有目的地將統治階級所確立和推崇的政治文化、價值判斷和意識形態灌輸給學生。一個人受教育時間越長，其政治興趣越濃，參與意識越強，對政治的認知也越系統和完整，對一些基本政治價值的認識也越深刻。相對而言，李登輝在中小學時期學習是比較刻苦認真的，深受日本老師的喜愛。「如果說小學時代的到處『漂泊』轉學鍛鍊了李登輝的膽量和適應各種社會環境能力的話，那麼，中學時代對李登輝人生觀的形成則起了十分重要的作用，尤其是日本校長有阪一世的育人方

法，可謂是直接塑造了李登輝的個性」。李登輝在淡水中學曾經擔任班長，每天早晨負責升旗，在同學們的立正注目禮和日本國歌聲中把日本國旗升上旗杆。

　　日本教育不僅培養了李登輝對於日本的認同感，而且也深刻影響到李登輝對於中國的看法。在臺北高等學校時期，李登輝受到教「中國史」的日本老師鹽見薰「以馬克思主義的歷史觀，來談中國的歷史」的影響，對近代中國的苦難歷史有所認識，「那真是一種強烈體驗」。正因為鹽見薰的影響，李登輝原本對西方歷史感興趣，轉而試圖研究中國問題，然而要解決中國問題最大的關鍵就是農業問題，因此他後來選擇到日本京都帝國大學讀農業經濟。

　　3.社會共同體途徑

　　透過社會共同體的政治社會化過程也能改變個人的政治傾向。社會共同體（或利益團體）是社會地位、利益相近，信仰大致相同，具有某種共同志趣的人組成的，諸如政黨、工會、學會、協會、俱樂部，甚至包括非正式組織等。由於日本殖民當局的嚴密控制，李登輝在日據時期所能參加的社會團體並不多，但其所參加的個別團體和組織仍然給李登輝的內心留下了深刻的痕跡。比如，李登輝在淡水中學讀書時曾經學習柔道和劍道，其劍道水準還達到了初段資格，被稱為「劍道少年」。劍道和日本「武士道」精神密切相關，對李登輝的思想產生了影響，使李登輝認為日本文化比中國文化優秀，2003年李登輝以日文出版過《武士道解題》一書，仍然不合時宜地向日本人鼓吹「武士道」精神。

　　1943年李登輝從臺灣高等學校畢業，前往日本就讀京都帝國大學農學部農林經濟學科。1944年1月，李登輝在日本「志願」參軍服兵役，曾擔任日本帝國陸軍少尉，還曾被派遣回臺灣到高雄西子灣的高射炮中隊見習受訓。1945年1月到1945年6月，李登輝在日本「千葉高射炮學校」接受了半年的軍事訓練。在日本讀書期間的臺

灣同鄉和日本軍隊中的臺籍戰友，在李登輝早年的生活中也留下了深刻的記憶。在日本殖民統治下，臺灣人被視為二等公民，李登輝雖然在日本讀書，接受日本教育，參加日本軍隊，但是在日常生活中相處和交往的對象仍然是以臺灣同鄉為主。李登輝在京都帝大讀書時與大部分臺灣學生都住在「日獨寮」，「在臺灣時，我本來都講日本話，在日獨寮那裡，我常常和他們講臺灣話，好像在向他們學臺灣話一樣，所以後來我說的臺灣話有臺南腔」。在高雄的高射炮中隊服役時，李登輝與郭婉容的前夫劉慶瑞有密切的交往，「我也和他討論過《浮士德》，他對這方面有很特殊的研究，我們也對人生問題深入交換意見，有這種機會很好、很難得。」1945年1月，李登輝坐船到日本「千葉高射炮學校」的途中曾經有過一次大陸經驗，在青島住了三、四天，他看到「山東大漢大塊又黑，穿了很厚的鋪棉衣服，臉上流鼻涕，都住在倉庫裡」，給他留下了深刻的印象，「中國人實在很可怕，在這種生活情況下，都能夠活下去，他們人多、又勇壯」，因此，他認為日本一定會戰敗。日本戰敗後，李登輝在返臺之前在東京住了兩個多月，與組織「新生臺灣建設研究會」的朱昭陽等人交往，受共產主義思想的影響，甚至去東京火車站迎接從延安返回日本的共產黨人野阪參三。當時，李登輝也與主張「臺獨」的廖蔡繡鸞、邱永漢等人也有過交往。

4.大眾傳播媒介途徑

大眾傳播媒介也是政治社會化的重要途徑，它一般包括報紙、雜誌、廣播、電視、書籍、網路等，是在社會中大量傳播資訊的公開載體。大眾傳播媒介的特點是無時無處不與社會成員接觸，其形式紛繁和易於接受，是其他途徑所難以比擬的。李登輝中小學時期就屬於學習較為認真和刻苦的學生，閱讀內容廣泛，其中大部分是日本書籍，如日本名著《古事記》、《玉勝間》、《源氏物語》、《枕草子》、《平氏物語》，以及《漱石全集》、《三太郎日記》、《善之研究》等等，還包括一本花了其父親一成半薪水所購

買的日本出版的《兒童百科辭書》。李登輝自己承認：「當時，我光是『岩波文庫』的書，就有七百冊之多」，「我向來熱衷研讀日本思想家和文學家的著作，所以日本思想對我的影響很大」。「新渡戶稻造的《武士道》（現在由岩波文庫出版）對我就有很深刻的影響。所謂的武士道，簡而言之，是在強調日本文化純粹的一面。」

李登輝在高中時代，就透過閱讀日文版的魯迅的《阿Q正傳》和《狂人日記》等作品瞭解中國，因此形成了對中國傳統文化的強烈批判性格。青年時期對中國傳統文化形成的根深蒂固的批判甚至厭棄的態度在他老年時仍未改變，他曾經表示：「我從不否認自己也是中國人，但是中國人長期以來非常可憐，不是被人管，就是被人欺負，不然就是被上面的壓制」，「中國的文化、生活、歷史觀應該徹底要改變」。1994年10月14日，李登輝與張大春等臺灣青年作家談文學及對人生的看法時，曾經談到對他影響比較深的十本書，其中就包括魯迅的《阿Q正傳》及《狂人日記》，「還有柏楊的作品我也看，最近本人提到『臺灣人的悲哀』，受到一些人的責難，我之所以會這麼說，可能也是受到這些書的影響。」

李登輝在20世紀90年代以後，表現出濃厚的日本情結。當然，其中有拉攏日本，使臺灣與日本結成對抗中國大陸的非正式安全戰略同盟的企圖，李登輝所表現的親日傾向中隱藏著更多的現實主義和功利主義的考慮，但是，他個人的成長經歷和日本經驗使他顯露出異乎尋常的「親日、媚日」傾向。對於這一點，李登輝自己並不自覺，他也不承認：「很多人故意把我醜化，指我崇拜日本人，說我對日本如何，事實上沒有這回事，我從來沒有這種觀念」。李登輝的否認與外界的觀感相距甚大。統派對其媚日言行痛加批判，而「獨派」則對其親日傾向大加讚賞，如金美齡在讀了李登輝與司馬遼太郎的對談之後，「就確信李登輝先生雖不明言，但無疑是『隱形的獨立派』。」其丈夫周英明更是發自內心地如此「讚揚」李登

輝——「愛讀新渡戶稻造所著《武士道》及佐賀藩士所編有關武士道的專書《葉隱》的李登輝說：『日本人傾注其理想而培養出來的，就是我這種人』」。與李登輝號稱摯友的中嶋嶺雄也認為：「連戰與熟悉日本文化的李總統之間，無疑的有著認知上的差距。連戰背負著抗日的歷史包袱，而李總統卻對日本有深入瞭解與深厚關係。」

為了切斷臺灣人民的中國認同，日本在臺灣推行皇民化教育，對於中國文化和中國歷史極力詆毀、汙蔑，給極少部分臺灣人的中國認同造成了深刻的影響。「他們接受日人的統治，日式的教育，不管是生活習慣和價值觀都深受日本文化所薰陶」。日本殖民主義的皇民化教育在臺灣培植了一批親日反華的政治勢力。「為了戰爭的需要，他們從日本殖民統治者那邊接受的是徹底反華辱華的教育，把中國形容為落後野蠻、中國人貪生怕死，而臺灣人則是有幸成為日本帝國的臣民，有幸進入了『文明之林』。」據中嶋嶺雄轉述，李登輝曾說過他「最討厭『中華思想』這個名詞」。李登輝的親日傾向與大多數中國人對日本軍國主義的記憶相比較，顯然蔣經國對李登輝「富有民族意識」的認知完全是政治的錯覺和歷史的誤會。

（二）李登輝對國民黨政權白色恐怖統治的深刻記憶

李登輝早年在日本殖民統治時期的求學期間，曾經接觸社會主義思想。從日本返回臺灣之後，進入臺灣大學繼續求學，其間曾經加入中共地下黨組織。因為這一段歷史，李登輝長期以來成為國民黨特務特別關注的對象。在李登輝與司馬遼太郎的對談中，李登輝回憶「以往像我們這種七十幾歲的人在晚上都不能好好的睡覺」，司馬遼太郎解釋：「聽說那時的知識青年沒辦法安穩的睡覺，像是

中華民國的憲兵那樣的人會來侵擾，聽到敲門聲，以為有什麼事而探頭看看也不行，必須馬上躲避」。由此可見，由於參加中共地下黨組織的歷史，李登輝在台灣長期受到國民黨特務的監控，在政治上受到國民黨的壓抑，其對國民黨內心深層的怨恨並不因為蔣經國後來不斷地提拔他，甚至提名他擔任「副總統」而得到化解。

1.李登輝參加中共地下黨的歷史

1988年臺灣著名作家李敖曾經發表文章「共產黨李登輝出賣同志的官方證據」，揭露李登輝參加中共和叛黨的歷史，但是由於史料的缺乏，李敖對相關史實的描述並不準確。根據臺灣作家徐宗懋對相關當事人的訪談，認為半世紀以前，李登輝曾經兩進兩出中共在臺灣的地下組織，「從時間順序來看，李登輝透過詹世平（即吳克泰）於1946年9月入黨，1947年8月又透過詹退黨。同年10月-11月間，李登輝又透過陳炳基、李薰山等人再度入黨，並於1948年春再度退黨，這是李登輝兩次出入中共說法的由來。」1947年，李登輝在臺灣大學學習期間，和陳炳基、李蒼降、李薰山、林如堉等五人共組新民主同志會，由中共臺灣省工作委員會直接領導。20世紀50年代初，中國共產黨在臺灣的地下黨組織陸續被國民黨特務破壞，新民主同志會瓦解，陳炳基潛赴大陸，李薰山被國民黨當局關押了7年，李蒼降、林如堉遭槍決。

中國大陸在1995年7月24日《人民日報》的評論員文章中第一次也幾乎是唯一的一次公開確認李登輝早年參加過中國共產黨的事實，指出：「李登輝早年加入過中國共產黨，後來背叛了。他曾多年追隨主張不搞『臺獨』的蔣經國，如今他背叛了」。但是對於李登輝是否「背叛」，曾經與李登輝同在一個黨支部的陳炳基有不同的看法。陳炳基認為「說他叛黨、叛徒、叛蔣經國，都是不符合事實」，因為，「如果他是叛徒，我們早就被抓了」，「你如果說他過去信仰共產主義，以後不信仰了，從這個意義上來講是可以的，

但是一般叛徒的意義，是出賣同志、出賣組織。」陳炳基顯然認為李登輝並沒有出賣同志、出賣組織，是脫黨而不是叛變。

　　李登輝本人對於參加中共地下黨的歷史，長期以來出於在從政的道路上政治利益的權衡考慮，當然諱莫如深。對於這一段歷史，李登輝本人曾經承認「陳炳基講的是老實話」，但他自己為了突顯個人的本土色彩，試圖把這一段歷史與「臺灣民主自治同盟」掛鉤。2005年3月，《日本評論社》出版日本學者吉田勝次與李登輝的對談錄《自由的苦澀》，李登輝首次公開承認參加左翼組織的歷史，他對吉田說：「不忌諱地說，經過『二・二八』，我們與楊廷椅以外的人成立一個團體，團體所屬不明，很顯然地，與謝雪紅的『臺灣民主同盟』有關。組織裡有很多人，大約一年間，我就退出了，退出時得他們的批準，雙方還有不洩露彼此的約定。」顯然，即使臺灣已經解除「戒嚴」20多年的時間，出於政治上的考慮，李登輝仍然不願意或不敢坦然地面對這一段歷史。2008年，張炎憲主編的《李登輝「總統」訪談錄》系列叢書出版，該叢書對李登輝的早年生活進行了訪談，李登輝雖然表示「應該向國史館說出這一段歷史，作為歷史的資料。」但他否認自己「兩次入黨」，聲稱：「我只入一次黨，沒有入兩次。」他只承認自己1947年參加「新民主同志會」，然後在1947年10月加入和1948年6月退出中國共產黨的歷史。

　　2.青年李登輝的左傾社會主義思想

　　李登輝之所以在年輕時參加中國共產黨，與他當時所具有的左傾社會主義思想有關。一方面，李登輝透過大量的閱讀接觸了一些進步書籍，受到五四運動前後新文化運動思潮的衝擊；另一方面，年輕一代所共有的抱負和理想也激勵著李登輝向進步力量靠攏。當然，李登輝所表現出的進步傾向是短暫的，也體現出了強烈的投機性格。

李登輝曾經自述：「我之所以會將農業和馬克思經濟學相結合，實與幼時的體驗有關。」李登輝出身於地主家庭，每年佃農為了繼續承租土地，都要到他家裡送禮，使他感到疑惑與不平，「同樣是人，為什麼會有這麼大的差別？」同時，在臺北高等學校任教的日本老師鹽見薰也激發了他對於馬克思主義的興趣。

在日本京都帝國大學和臺灣大學，李登輝進一步閱讀了更多的馬克思和恩格斯的著作，他閱讀過河上肇的《貧乏物語》，甚至把《資本論》反覆讀過好幾遍。1946年，在臺北與李登輝重逢的吳克泰對他的印像是：「李登輝當時的政治觀點顯然傾向於社會主義」，他還將從日本帶回的幾本馬列主義書籍推薦給吳克泰看。「李登輝對列寧的《組織論》一書特別推崇，那是寫地下黨的組織原則的」。

青年人的理想與抱負促使李登輝在「二・二八事件」前後積極參加各類社會運動。1947年1月，「沈崇事件」引起全國各地的學生抗議浪潮，李登輝不僅積極參加臺大學生抗議的籌備會議，而且在抗議隊伍的前列扛著旗幟。當時參加過臺灣學生運動，20世紀80年代曾任中國駐東京大使館政治參事的紀朝欽回憶，他對李登輝的印像是：「不多話，比較左，對國民黨不滿，是位憂國之士。」對於李登輝退出中共地下組織的原因，李登輝自稱是「我討厭共產黨的作法」，「後來看到共產黨都是由中國人在支配，我感到討厭，半路就離開共產黨」，「我這個人很討厭被人命令」。吳克泰回憶當時勸說李登輝不要退黨，但是「李登輝執意要退黨，說是黨內不純，有些人有野心」，雖然沒有足夠的資料能夠確切證明，但原因大致是因為李登輝個人的領導慾望未能得到滿足。

3.李登輝的白色恐怖記憶

當然，相對於犧牲的同志來說，李登輝已經是相當幸運了，不僅在白色恐怖中劫後餘生，而且李登輝脫黨後改變信仰，成為基督

教長老教會的信徒,還成為國民黨的領導人,登上了臺灣地區最高領導人的高位。1996年李登輝競選連任當選後在臺北與陳炳基會面,對陳炳基表示「我們真是撿回一條狗命」,雖然貴為「總統」,但是李登輝對於白色恐怖仍然心有餘悸,因此他對年輕時中共黨內同志刻意保護他表示感激,李登輝還特意公開去新光醫院拜訪白色恐怖中被殺害的李蒼降的女兒李素慧。

對於「二・二八事件」,李登輝認為:「這是許多本省籍知識份子,被扣上共產黨員的帽子,而慘遭殺害的白色恐怖事件。」李登輝當政後,採取了釋放政治犯、設立紀念碑、展開真相調查、進行經濟補償等措施,對「二・二八事件」和白色恐怖的受難者及其家屬進行安撫。由於李登輝個人在國民黨白色恐怖統治中的經歷,也使他更容易得到臺灣社會基層本省籍群眾的理解和支持。

李登輝參加中國共產黨的歷史無疑對其以後的人生產生了深刻的影響。臺灣情治系統有人對李登輝說,以後當教授就好,不要當官。後來又有人曾經向他表示:除了蔣經國之外,沒有人會重用你這種人。這些事例,都使李登輝在政治上深受打擊,也使得李登輝不得不將個人的權力慾望埋藏得更深,在政壇上戰戰兢兢、如履薄冰。20世紀70年代蔣經國在臺灣執掌實權以後,蔣經國有意識地推行本土化政策,從臺灣本省籍人士中選拔人才,這一歷史的機遇使李登輝得以在臺灣政壇平步青雲。事實上,在此之前,國民黨當局曾經有意重用時任臺灣大學教授、政治系主任的彭明敏。李敖就認為:「彭先生是國民黨當年最早提拔的青年才俊,……只要他不那麼鋒芒畢露的話,我敢斷言,今天的副總統是彭明敏,而不是李登輝。」

1984年蔣經國提名李登輝擔任「副總統」,但是李登輝認為:「經國先生提拔我為副總統,我想他並不是要我擔任接班人。也許是因為沒想到自己病情會如此嚴重而致早逝吧。」為了掩飾個人野

心，顯示一副忠厚敦實、誠惶誠恐姿態，李登輝在蔣經國面前只敢坐滿三分之一的坐椅。1988年臺灣《自立早報》有一篇形象的描述：「民國七十三年，李登輝當選副總統的當天下午，蔣故總統親赴李登輝寓所申致賀意。當時，李登輝不自在的只坐滿座椅的三分之一，雙手不斷摩擦雙膝，彷彿他不是那間寓所的主人。」對於李登輝的忸怩作態，李敖譏諷他深諳「政治屁股學」；金美齡則讚歎：「在李登輝的政治長才之中，能將『鷹爪』長久隱藏起來是一項很重要的才能」。

（三）李登輝思想中深厚的本土意識

李登輝執政以後，逐漸表現出其個人思想中濃厚的本土意識——也就是所謂的「臺灣人意識」，時時處處都強調「臺灣優先、臺灣第一」，要求在政治上、文化上、心理上認同臺灣。李登輝曾經表示：「所謂『認同臺灣』，我想最重要的，是對於臺灣的愛」。「最重要的是，臺灣必須先取得國際間的認同與地位，至於思考中國整體的問題，則是以後的事」。李登輝繼任之初，權力基礎並不穩固，對其權力地位的威脅主要來自於蔣經國時期培養和留下的外省政治菁英，這更加促使李登輝必須依賴臺灣社會的本土意識來鞏固個人的權力地位。吳克泰就認為：「他這個人臺灣人意識太強，總要口口聲聲臺灣人安全和福祉一定要保證！」

臺灣民眾的本土意識是指臺灣民眾形成的自我認同意識，其中包含了對於方言、文化、宗教、習俗、共同的歷史經驗等方面的自我認同，主要是指閩客文化與臺灣特殊歷史經驗相結合的產物。臺灣民眾的本土意識是中國形形色色的地方意識的表現，但是由於臺灣的特殊社會和歷史環境，臺灣民眾的本土意識被染上了政治色彩。

首先，臺灣本土意識的外在表現是對於閩南和客家文化的認同，這種文化體現在方言、文化、宗教、習俗等方面。由於閩南族群是臺灣社會的主體，占了臺灣人口70%以上。閩南族群也是較早從大陸移民臺灣的人口，他們從大陸廈漳泉地區帶去了閩南方言，因此，多數臺灣本省民眾在日常的語言中以閩南話交談，閩南方言構成了其認同的最基本的外在基礎。近年來，臺灣客家人也強調客家文化的建設，提倡客家意識的覺醒，但是客家文化在臺灣社會並不是主流。其次，臺灣本土意識的內核是對於臺灣特殊歷史的認同。閩客移民到了臺灣之後，保留了閩客文化，但是也經歷了與大陸閩客地區不一樣的共同歷史，其中包括處於兩岸對峙或分離狀態的鄭氏時期、日據時期、國民黨統治時期的歷史記憶。這種共同的歷史記憶構成了臺灣本土認同的內核，使他們認為自身是與外省人、與大陸民眾不同的一個群體。

　　作為在臺灣本省出生的講閩南話的客家人，李登輝的個人生長經歷帶有典型的臺灣特色，青少年時期接受日本教育，成年後經歷了國民黨政權的白色恐怖統治，在心靈壓抑的生活中尋找生存和發展空間。作為臺灣本省籍的知識份子，李登輝與臺灣基層社會有緊密的聯繫，生活、交往和接觸的人大部分都是臺灣本省籍民眾，也接觸了臺灣社會各種各樣的政治勢力，在一定程度上對臺灣社會基層的政治心態和政治訴求具有較為深刻的理解。李登輝曾經自述：「在國民黨中的我，能夠維持到今天的原因，是我心中的臺灣人之聲。」

　　由於強烈的自我認同，使得具有濃厚的本土意識的臺灣民眾排斥以外省人為主導的國民黨政權，認為國民黨政權是「外來政權」。國民黨政權敗退臺灣之後，在臺灣實行高壓的白色恐怖統治，對親中共的政治力量進行了殘酷鎮壓，也關押了一批「臺獨分子」。臺灣本土意識隱含了對國民黨的仇恨的歷史記憶，他們認為國民黨是「外來政權」，到臺灣之後「壓迫、欺侮」臺灣人民。由

於被國民黨統治的不愉快的歷史經驗，使得李登輝同多數本省民眾一樣具有強烈的本土意識的存在。1994年，李登輝與日本作家司馬遼太郎對談時，就曾經公開表示：「到目前為止掌握臺灣權力的，全都是外來政權。最近我能心平氣和的說就算是國民黨也是外來政權。只是來統治臺灣人的一個黨，所以必須要成為臺灣人的國民黨。」

相對於國民黨傳統的外省政治菁英對李登輝的排斥與不信任，作為第一個本省籍的「總統」，李登輝繼任後得到臺灣本省人士的廣泛期待，也得到許多臺灣本省人士的支持，其時仍然流亡在美國的彭明敏對李登輝的支持就極具代表性。李登輝擔任臺大農經系教授期間，就與同為臺大教授的彭明敏有深入的交往。1964年彭明敏因「臺灣人民自救宣言」被捕的前一天，李登輝和彭明敏還在一起吃飯。李登輝繼任「總統」後，即向彭明敏私下傳遞資訊。1990年2月，彭明敏在紐約召開記者會，宣佈「支援李登輝出任總統」。李登輝連任後，彭明敏秘密寫信給李登輝，希望他「切勿忘記你所擔起的歷史使命，你的作為不但攸關臺灣和臺灣人民的遠久命運，也會為你個人在臺灣歷史上定位」。當然，本土勢力與李登輝之間是相互利用的關係，本土勢力希望借助於李登輝擴張臺灣的本土政治力量，而李登輝則要依靠本土勢力來鞏固權力。由於本土勢力成為李登輝可以依賴的政治勢力，因此，李登輝在推動臺灣政治轉型的同時，也不斷地推進臺灣本土化，擴張所謂的「臺灣認同」意識。李登輝表示：「臺灣的民主化非以『臺灣認同』及『臺灣本土化』為主軸不可」。李登輝在推進臺灣政治轉型的同時，也對國民黨的權力結構進行了全面的改造，企圖把所謂代表「外來政權」的國民黨改造成「臺灣國民黨」、「臺灣人的國民黨」。「長期以來，臺灣一直受『外來政權』所支配，因此，臺灣人民毫無自主性可言。對此，我早有所感，也決心要加以解決」。

李登輝在推進臺灣本土化的同時，也不斷地擴張所謂的「臺灣

認同」，把本土意識與「臺灣認同」相互結合，「認同臺灣，奉獻臺灣，願意為臺灣前途打拚，就是『本土化』的主要內涵」。在李登輝的推動下，臺灣先後提出了所謂「生命共同體」、「新臺灣人主義」等主張，試圖凝聚臺灣民眾對於內外政策尤其是大陸政策的共識，重構「臺灣認同」，從心理上確立臺灣民眾對於「中華民國（臺灣）是主權獨立國家」的心理認同。由於李登輝之流的惡意誤導，20世紀90年代以後，臺灣民眾的「臺灣認同」不斷擴張，甚至被人為地異化成虛構的「國家認同」。中嶋嶺雄就認為：「李登輝最大的功績，培育了臺灣認同。」

　　由於李登輝表現出強烈的臺灣本土意識，「絕對不願見到自己苦心推動的政治再度被『外來政權』化，這是他從政多年來的一貫決心」，使得2000年臺灣地區領導人選舉中國民黨候選人連戰以及獨立候選人宋楚瑜的政治路線受到本土政治勢力的質疑，最終導致連戰和宋楚瑜敗選。連戰因為獲得宋美齡親筆簽名信函的支持而「令李登輝連連搖頭」，李登輝的親信幕僚張榮豐、蔡英文等人及其商界友人許文龍認為「連戰未來並無法繼承李登輝路線」，「不論連戰或宋楚瑜當選，臺灣的民主恐怕將倒退二十年」，因而他們轉向支持陳水扁。李登輝則公開把宋楚瑜打成「反臺灣」的候選人、代表「外來政權」的候選人。選後，李登輝為「代表臺灣人」的陳水扁險勝而額手稱慶，感歎「這樣的結果，或許可謂天意」。中嶋嶺雄就認為：「這次民進黨的勝利，實際上也可說是李登輝路線的勝利。帶領臺灣邁向民主化並促使中華民國臺灣化的李登輝，當然不希望再把權力交給『外來政權』。」「新政權是由臺灣人選出的臺灣人政權，相信這也是長年推動民主化與本土化的李登輝，所期盼的政權型態」。作為國民黨的領導人，李登輝因為懷著本土意識的極端化傾向，以至於處心積慮地排斥國民黨內的傳統政治力量，與民進黨明裡暗裡互通款曲，最終導致打著本土旗號的民進黨上臺執政。

當然，臺灣本土意識不能與「臺獨」意識畫上等號。臺灣本土意識是對臺灣特殊的文化、歷史與利益認同的基礎上形成的對臺灣的自我認同，是從臺灣本位的角度思考臺灣問題，因此，臺灣才相繼提出了所謂「臺灣命運共同體」、臺灣優先、臺灣意識、臺灣主體意識、本土政權等反映臺灣本土意識的口號。然而，客觀上，狹隘的臺灣本土意識與中國意識具有相互對立和衝突的一面，中國意識要求從整個中國文化、中國歷史、民族利益和國家安全的角色思考臺灣問題。但是，由於臺灣經歷了日據五十年和兩岸對抗六十年的特殊歷史，一部分臺灣民眾越來越不可能從中國整個國家的角度來思考臺灣的前途和利益。隨著兩岸分離的時間越來越長，這種從臺灣本位來思考臺灣利益和臺灣前途的本土意識在臺灣社會越來越普遍，本土意識的強化是對兩岸關係的極大挑戰。本土意識雖然不代表「臺獨意識」，但不可否認，由於狹隘的本土意識與中國意識的對抗性和排斥性，狹隘的本土意識是培植「臺獨意識」的溫床。

第二節　李登輝分裂主義路線的社會與政治根源

　　馬克思主義唯物史觀認為，社會意識是人們對一切社會生活的過程和條件在觀念上的反映，歸根到底是社會物質生活過程及其條件（主要是物質資料生產方式）在觀念上的反映。「物質生活的生產方式制約著整個社會生活、政治生活和精神生活的過程。不是人們的意識決定人們的存在，相反，是人們的社會存在決定人們的意識。」戰後臺灣經過工業化的高度發展，20世紀80年代中期以後，臺灣進入了以商業化為特徵的後工業社會時代，引起了政治、社會、文化的急劇變革。臺灣社會從一個威權體制的一元化社會向開放性的多元化社會轉變，臺灣社會文化也因此發生了重大轉變。李

登輝繼任「總統」的80年代末和90年代初,正是臺灣社會政治轉型時期。一方面,主張「臺灣自決」乃至「臺灣獨立」的反對黨——民進黨成立,並且不斷壯大。另一方面,主張拋棄舊的「中華民國法統」象徵——所謂「資深國代」、「萬年立委」的民主改革呼聲日漸高漲。民主化與本土化的政治浪潮不斷衝擊臺灣的政治體制,使臺灣不得不展開大幅度的政治變革,以適應臺灣社會變遷的需要,回應臺灣民眾的呼聲。然而,不可否認,臺灣政治的舊體制是與蔣氏父子長期堅持的「中華民國法統」、「反共復國」的意識形態相結合的,以民主化、多元化、本土化為特徵的政治轉型不可避免地衝擊到舊體制下的中國意識和統一理念。李登輝分裂主義政治路線作為社會意識,在一定程度上是對臺灣20世紀80年代以後社會存在的現實反映。「意識在任何時候都只能是被意識到了的存在,而人們的存在就是他們的實際生活過程。」雖然這種社會意識是錯誤的、片面的,但它仍然是社會存在的反映,可以在臺灣找到它的社會與政治根源。

(一)戰後臺灣經濟發展推動了80年代末以後的社會政治轉型

二戰以後,隨著工業化的發展,臺灣社會從農業社會轉變為工業社會;20世紀80年代中期以後,進入了以商業化為特徵的後工業社會時代。經濟的高度發展,社會的相對富裕,中產階級的壯大,促進了臺灣政治民主化的轉型。20世紀80年代末以來的臺灣政治的民主化轉型,被認為是全球第三波民主化浪潮的組成部分。美國政治學家撒母耳‧亨廷頓認為,「在葡萄牙於1974年結束獨裁後的15年間,民主政權在歐洲、亞洲和拉丁美洲30個國家取代了威權政權。」這就是所謂的全球性的第三波民主化浪潮,其中包括「在1987和1988年,中國臺灣政府大大放鬆了對進行政治活動的限制,

並致力於創造一個民主的政治體制」。第三波民主化的重要原因是經濟發展，經濟發展為民主轉型提供了經濟基礎，促進了社會政治向民主的過渡。「經濟發展促進了中產階級的擴大：社會中越來越多的人口是由商人、專業人士、店主、教師、公務員、經理、技術人員、文秘人員和售貨員組成。……這些集團也日益自信他們有能力透過選舉政治來促進他們的利益」。

經濟與社會的變遷也造成了臺灣社會階層的多元化，而中產階級逐漸成為臺灣社會的主體，成為推動臺灣政治民主化轉型的中堅力量。二戰以後，臺灣從農業社會轉變為以工商業和服務業為主的社會，社會分工日益複雜，社會階級和階層的分化也越來越多元。尤其是20世紀50年代開始的臺灣土地改革，被認為是打破臺灣社會原有的較為穩定的階級結構的重要舉措。土地改革打破了傳統的地主與佃農的依附關係，造成了臺灣社會階層關係的重組；伴隨著工業化的發展，臺灣社會階層進一步流動，使臺灣社會階層呈現出多元化的趨勢，而中產階級成為臺灣社會的主體。臺灣經濟發展過程中，以出口代工為主的中小企業是臺灣經濟發展的重要力量，形成了為數眾多的中小企業主及其經理人的階層。加上公務員、專業人員、服務業與公司經理人員，組成了隊伍最為龐大的中產階級。90年代以後，隨著服務業的擴張和資訊產業的發達，以專業經理人和專業技術人員為主體的中產階級力量迅速擴張，成為臺灣社會的主要階層。臺灣中產階級人員眾多，成分複雜，並沒有一致的政治傾向；他們追求生活的安定，主張維持現狀；他們傾向於社會改良，主張和平改革，成為臺灣穩定政權並推進政治轉型的重要社會基礎。

隨著80年代末以後，臺灣政治的轉型與開放，臺灣社會也發生急劇的變遷。一方面，社會更加趨向於多元化、自由化和本土化；另一方面，臺灣社會也更加強調社會福利、性別平等以及言論自由的保障。「在這個轉變的過程中，臺灣社會結構也同時經歷了大量

的變化：人口大量的從農村遷移而高度都市化；家庭結構從大家庭轉變為以核心家庭為主的結構；從高出生率社會轉變為典型的工業化社會人口型態和高齡社會；社會階級分化，資本家階級出現，中產階級社會愈趨明顯，同時階級分化愈趨工業化社會的類型。這些轉變，使得臺灣社會同時也出現了類似西方社會的都市、犯罪、族群衝突、分配不均、環境汙染等等問題」。

「解嚴」後臺灣社會的多元化突出表現在各類社會運動和眾多社會組織的蓬勃發展。20世紀70年代中期以來，臺灣「黨外運動」借助於社會運動進行群眾動員，鼓動社會各階層群眾走上街頭，向國民黨當局的公權力發起挑戰，維護自身的權益，被稱為「自力救濟」運動。1986年民進黨成立以後，繼續推動臺灣社會運動，如環保運動、婦女運動、學生運動、消費者運動等的發展，使臺灣的社會運動在20世紀80年代末90年代初經歷了一個所謂「狂飆突進」的年代。隨著臺灣社會政治轉型的推動與深入，經過長期的社會運動歷練，臺灣社運團體的自主性不斷增強，與民進黨漸行漸遠，出現了專職的社運成員、專業的社運組織，積累了豐富的社運經驗，各社運團體平時各自經營，但面臨影響較大的議題時往往相互支持，甚至結合成臨時性、議題性的運動聯盟。臺灣社會運動和社運團體的壯大以及自主性的增加，民間的社會力得以釋放，正是臺灣市民社會力量擴大的表現，也是臺灣社會多元化、自由化和本土化的必然後果。

（二）臺灣政治轉型衝擊了臺灣社會的中國意識

國民黨長期以來在臺灣實行的是專制威權統治，實行黨禁、報禁，除了從大陸跟去的中國青年黨和中國民主社會黨，不允許新的政黨成立，不允許反對黨的出現。20世紀80年末期，臺灣開始了政治轉型的過程。1986年9月28日，民進黨成立，突破了「黨禁」，

為推動臺灣政治轉型建立了組織基礎。1988年初，臺灣正式開放「黨禁」，此後，形形色色的政黨紛紛成立。根據臺灣內政部門備案的政黨名冊，至2000年5月民進黨執政之前，臺灣社會已經登記成立91個政黨。20世紀90年代臺灣社會逐漸完成了多元化、民主化、本土化的政治轉型，出現了西方民主體制形式下的政黨政治。

1986年，民進黨的成立使國民黨執政者蔣經國深感臺灣社會政治的改革是不可阻擋的必然趨勢。1986年10月16日，蔣經國在國民黨中常會中發表談話表示：「時代在變，環境在變，潮流也在變，因應這些變遷，執政黨必須以新的觀念、新的做法，在民主憲政體制的基礎上，推動革新措施，唯有如此，才能與時代潮流相結合，才能與民眾永遠在一起。」國民黨內部對臺灣政治體制的危機和政治改革的迫切性形成較大的共識。1987年6月底臺灣「立法院」三讀透過「動員戡亂時期國家安全法」，7月8日蔣經國發佈命令，宣佈臺灣地區自1987年7月15日零時起解除了對臺灣長達38年的「戒嚴」。1987年8月，臺灣宣佈從當年11月起允許臺灣民眾經其他國家和地區赴大陸探親。蔣經國晚年開啟的政治改革為李登輝繼任後繼續推動政治轉型奠定了堅實的基礎，使得政治改革、民主化轉型成為國民黨內無法遏阻的政治趨勢。

1988年1月蔣經國去世後，李登輝面對無法遏阻的民主化政治潮流，採取了繼續推動政治轉型的措施，尤其是對內開啟了「憲政改革」的進程，使臺灣社會的多元化、民主化和本土化不斷發展。臺灣政治轉型的發展，一方面，使臺灣社會進入高度政治參與的時期，政治參與隨著選舉活動的增加而不斷擴張和深化；另一方面，由於政治的開放與多元化，形形色色的「臺獨」組織與分離主義思潮紛紛出籠。毫無疑問，臺灣政治轉型衝擊了臺灣社會的傳統中國意識。

政治轉型釋放了臺灣社會的思想自由與言論自由的政治空間，

使得形形色色的分裂主義政治組織和政治思潮氾濫成災。1990年前後,海外「臺獨」分子紛紛利用各種管道闖關或偷渡回臺,把「臺獨」活動的主戰場從海外遷回臺灣,這些人回到臺灣後大多成為民進黨的骨幹力量,也促使了民進黨「臺獨」政治路線的進一步升級,導致民進黨內的少數統派人士不得不離開民進黨。在此同時,李登輝利用民進黨的力量推動臺灣「憲政改革」和鞏固個人權力地位,也使得台灣「臺獨」活動的空間進一步擴張。1990年,臺灣發生「三月學運」,要求國民黨當局開啟「憲政改革」的步伐。1991年,臺灣的部分知識份子和社會團體發起了「廢除刑法100條」的運動,為「臺獨」言論和行動爭取自由的空間。1991年8月,民進黨主導召開「人民製憲會議」,透過了所謂的「臺灣憲法草案」,明定所謂的「國號」為「臺灣共和國」。10月13日,民進黨召開「五屆一次全代會」,將「基於國民主權原理,建立主權獨立自主的臺灣共和國暨制定新憲法,應交由人民以公民投票方式選擇決定」這一條款寫入黨綱,「臺獨黨綱」的透過使民進黨撕去了以「住民自決」來開放人民選擇自由的「遮羞布」,明確地以「建立主權獨立自主的臺灣共和國」作為民進黨的奮鬥目標,民進黨成為赤裸裸的「臺獨黨」。而李登輝主導的國民黨政權在1992年5月修改了「刑法100條」,為「臺獨」言論和活動徹底解除了政治和法律上的束縛。

　　隨著政治上的「解嚴」與開放,臺灣對於社會團體和宗教團體的管制均逐漸消除,許多原本遭到禁止的社會團體和宗教團體紛紛登記成立。如1990年成立的「臺灣教授協會」,目的是「結合學術界認同臺灣主權獨立之專業人士」,鼓吹「臺獨」,介入選舉,演變成為嚴重毒害臺灣教育界的極端「臺獨」政治團體。80年代末期以後,臺灣宗教世俗化的傾向日益明顯,關心政治、介入政治成為臺灣宗教界的潮流。如臺灣基督教長老教會打著「關心鄉土、尊重人權」的旗號,在「解嚴」之前就積極介入臺灣政治,公開支持黨

外運動。「解嚴」後，臺灣基督教長老教會更加積極地介入政治事務，發表政治言論，公開支持「臺獨」，1991年8月公然發表「臺灣主權獨立宣言」，主張「臺灣主權獨立。臺灣的主權與土地屬於臺灣全體住民。臺灣與中國是兩個不同的主權獨立國家。」臺灣基督教長老教會在少數人的操縱之下，已經演變成為一個極端頑固的「臺獨」政治組織，在臺灣社會造成了惡劣的政治影響。

（三）社會文化多元化為分裂主義思潮的氾濫提供了空間

「解嚴、開禁」之後，臺灣政治的轉型使得臺灣文化擺脫了一黨政治的束縛，臺灣文化也向著自由化、多元化、本土化的方向發展。體現在文學中，臺灣文學出現了本土化的傾向，更加大膽地突破各種政治上的禁忌。臺灣政治的轉型也給臺灣文學的創作帶來了更多的自由與多元的氣息，臺灣文化呈現出多元化的傾向。臺灣作家擺脫了政治的束縛，大膽地突破禁忌，許多詩歌、小說、報告文學的創作開始重新回顧「二・二八事件」以及臺灣50年代的白色恐怖。臺灣文學本土化的傾向也更加鮮明，臺灣文學界人士強烈推崇臺灣文學的主體性，主張在臺灣高校設立臺灣文學系所。然而，臺灣文學界在宣導臺灣文學的主體性的同時，一部分人迎合「臺獨」勢力的需要，出現了「文學臺獨」的政治傾向。「文學臺獨」鼓吹「去中國化」，宣揚「臺灣新文學」的獨立性，企圖建立所謂「臺灣新民族文學」，把臺灣文學作為「臺獨」的宣傳工具，為「臺獨」勢力建構所謂「新國家意識」服務。

臺灣文化的多元化與自由化也表現在各種新興的大眾傳播媒體紛紛成立，出現了商業化和市場化的傾向。1988年元旦，臺灣正式宣佈解除「報禁」，臺灣各類新興媒體迅速增加。在臺灣解除「報禁」之前，臺灣31家報紙的銷量是390萬份，至1990年底，臺灣登

記的報紙有275家，實際發行的約有50家，銷量是450萬份。到1999年1月，臺灣登記成立的報紙多達367家。新興的報紙百花齊放，比較知名的報紙如《聯合晚報》、《中時晚報》、《首都早報》、《環球日報》、《太平洋日報》、《自立早報》、《大成報》、《勁報》等等。但是由於臺灣讀者市場有限，各類報紙相互競爭，致使許多新興報紙難以維持，相繼關門歇業，1990年《首都早報》、《環球日報》、《自立早報》先後關閉；1995年《太平洋日報》關閉；此後，《自立晚報》、《大成報》、《中時晚報》、《勁報》、《聯合晚報》等也都先後關閉。臺灣報業中的傳統三大報《中國時報》、《聯合報》、《自由時報》仍然佔據著平面媒體的主要市場。

除了開放「報禁」，臺灣廣播電臺、有線電視、第四家無線電視也相繼開放。臺灣傳統的無線三臺包括分別由國民黨、臺灣軍方和臺灣省政府掌控的中視、華視、臺視，1997年又成立了由民進黨政治人物掌控的民視，1998年成立了公視。而有線電視頻道則更是如雨後春筍，多達120多個有線頻道。由於傳統的媒體大多受國民黨所掌控或影響，民進黨及其支持者紛紛投入地下媒體的經營，把地下媒體作為選舉和政治鬥爭的工具。1990年民進黨「立委」洪奇昌的支持者在其服務處成立「中和民主有線電視臺」，掀起了成立所謂「民主臺」的風氣。1990年10月，24家地下有線電視臺聯合成立了「臺灣民主有線電視臺全聯會」，曾經擁有達75個會員之多。這些所謂的「民主臺」得到了民進黨的全力支持。

未經合法取得電波卻公開播放節目的地下電臺在臺灣則更為興盛。1990年3月，「民主之聲」廣播電臺在臺北、高雄等地開播，但不到半年就被取締。1992年，民進黨「立委」張俊宏在辦公室利用簡易的發射機設立電臺，引起軒然大波。1993年1月30日，臺灣正式宣佈開放32個頻道。但是由於地下電臺成本低廉，影響力大，得到民進黨的支持，許多社運人士、宗教人士、政治人物借助地下

電臺宣揚理念，使臺灣地下電臺呈現出難以取締的態勢。1993年許榮棋主持的「臺灣之聲」地下電臺在臺北開播，引起了臺灣社會各種政治勢力的關注，甚至在1994年掀起了計程車司機到財政部門抗議保險費和包圍國民黨中央的事件，臺灣開始對地下電臺展開抄臺行動。臺灣地下電臺大多播放賣藥、賣補品、算命、介紹婚友等節目，據臺灣2001年統計，販賣食品藥品的地下電臺約占75%，歌唱命理、婚友介紹的約占20%，政論屬性電臺約占5%。雖然臺灣多次開放地下電臺的合法化申請，有部分地下電臺如「綠色和平」、「苗栗正義」、「關懷」、「大彰化」、「TNT寶島新聲」等電臺先後申請合法化，但是由於地下電臺成本低、獲利大，難以根絕。地下有線電視臺與地下電臺，衝擊了臺灣社會傳統的電子媒體結構，對臺灣社會的中下階級，如計程車司機、農漁民等造成了較大的影響。

臺灣社會文化多元化的發展，使得臺灣社會原本存在的多元的政治心態得以公開表現出來，並以文學、電影、報刊、電視、電臺等形式在開放社會廣泛傳播。尤其是分裂主義思潮借助於社會開放、言論自由、文化多元的趨勢，不斷佔據臺灣媒體和輿論的空間，而這些大眾傳播媒體承擔著臺灣政治社會化的重要功能，對臺灣民眾尤其是青少年的毒害是不可低估的。「1988年以後，隨著臺灣政治的多元化發展，扮演政治社會化角色的政治結構越來越多；加上臺灣的放任自流，臺灣政治文化的『脫中國化』現像已經由點到面，由暗到明，由民間到官方，由精英文化向大眾文化四散滲透。」

（四）臺灣社會政治的本土化加劇了臺灣民眾對於大陸的疏離感

20世紀80年代末以後，臺灣社會和政治的本土化迅速發展。

「『本土化』以臺灣意識為基礎，對群眾有號召力，很快從政治層面擴展到文化各層面，90年代達到高潮。」臺灣本土化推崇「臺灣主體意識」，提倡「認同臺灣」，強調「臺灣第一、臺灣優先」，有意識地壓抑「中國意識」，甚至於極端化地主張「去中國化」，使得臺灣民眾對於大陸的疏離感增強。

首先，臺灣社會的本土化表現在政治領域。從70年代開始，蔣經國就有意識的提拔和培養本省籍的政治精英，從而產生了謝東閔、林洋港、李登輝等國民黨高層的本省籍政治人物。80年代末，李登輝上臺後，成為第一個「臺灣人總統」。李登輝以本土化的象徵自居，利用本土意識，透過打擊、排擠外省政治精英來鞏固自己的權力，先後把國民黨內外省籍的元老如俞國華、李煥、郝柏村、蔣緯國等人排擠出政壇。90年代以後，外省政治人物大多失勢，使外省政治人物產生了危機感，國民黨內的主流派與非主流派的鬥爭，以及1993年從國民黨中分裂出來的新黨，都是外省政治人物危機意識的產物。

臺灣社會政治的本土化發展趨勢加劇了臺灣社會的省籍矛盾和統「獨」鬥爭。臺灣社會的省籍矛盾在日常生活中並不多見，但是在政治生活範疇內經常出現，尤其在政治轉型時期的臺灣權力鬥爭和選舉競爭中得以集中體現。省籍意識與「統獨」意識交織在一起，本省人與外省人的矛盾被扭曲成「臺灣人與中國人」的對立。隨著台灣政治轉型，省籍意識被少數政治人物操縱和利用，省籍矛盾成為政治鬥爭特別是權力鬥爭和統「獨」鬥爭的手段，省籍矛盾在政治鬥爭中日益激化。

臺灣一些政治人物在選舉中利用省籍意識和統「獨」意識進行政治動員。為了在選舉中勝選，一些政治人物往往不擇手段，鼓吹「臺獨」，激化選情，以強化政治動員能力。外省人參加臺灣的選舉，往往被貼上「賣臺」的標籤。1989年臺灣舉辦三項公職人員選

舉，當時民進黨內部分候選人組成「新國家聯線」，提出「新國家、新憲法」、「東方瑞士臺灣國」等包含濃厚「臺獨意識」的口號作為共同的政治訴求，甚至直接拋出「新憲法草案」作為共同政見和文宣內容。1996年彭明敏、謝長廷代表民進黨參選臺灣地區領導人，他們先是提出「反統一、要獨立」的口號，後來又提出「終結外來政權」的競選主軸，把選舉定位為「臺灣與中共代理人」的戰爭。2000年臺灣地區領導人選舉的過程中，陳水扁、呂秀蓮以「正港臺灣人」自居，要求選民「絕不能選一個北京的代言人當總統」。1994年、1998年的臺北市長選舉，2000年的「總統」選舉，都進一步加劇了台灣政治鬥爭中的省籍矛盾和統獨衝突。

90年代，李登輝推動臺灣「憲政改革」，把「國代」、「立委」、省市長、「總統」均先後改為由臺灣地區民眾直接投票選舉產生。由於在人口結構上居於少數，外省人在台灣政治權力分配中逐漸失去了原有的優勢，而本省人透過選舉掌握了臺灣政治權力分配的主導權，完成了臺灣政治本土化的主要進程。

其次，臺灣社會的本土化也表現在文化教育領域。「除了政治權力以外，過去外省人在社會文化上的優勢，也在1980年代中期以後，隨著臺灣社會中如火如荼的本土文化復甦的熱潮中，漸漸流失。」本土化在臺灣意識的激勵下，主張「臺灣人說臺灣話」、「學臺灣史」、「認識臺灣」、「認同臺灣」，進而在教育文化領域推動「鄉土教育」、「母語教育」。本土化成為李登輝時期臺灣推行的文化政策的重要方向，表現在教育、文學、歷史研究、宗教信仰等領域，諸如閩南語教學的提倡、通用拼音的推行、《認識臺灣》教科書的適用、本土歷史與文學史的編纂等等。1997年，臺灣推出《認識臺灣》教科書作為「國中」教材，美化日本殖民統治，宣揚「臺獨史觀」，引起兩岸輿論的批判。

本土化在臺灣文化教育領域的極端表現是在文化上鼓吹「去中

國化」的思潮。「本土化在臺灣文化中的極端論述的實質，是以臺灣文化的主體性來擺脫中國文化的屬性，甚至以日本軍國主義的皇民文化來營造所謂的臺灣文化的主體性，目的是在文化領域推行『去中國化』的政治企圖」。本土化以臺灣文化和中國文化之間差異性的論述，來為「臺獨」尋找文化上的理論依據。本土化還以臺灣文化對中國文化的優越性的論述，來貶低和排斥中國文化的影響力。

由於台灣分裂主義思潮的影響，本土化無論是在政治領域還是在文化教育領域的發展，都加劇了臺灣民眾對於大陸的政治疏離感。李登輝當政時期，以「臺灣意識」和臺灣利益的代表者自居，不斷強化臺灣民眾對大陸的敵意，片面強調大陸對臺灣「軍事威脅、政治打擊、外交圍堵」的印象，使臺灣民眾的疏離感日益增長。

二、李登輝分裂主義政治路線產生與發展的現實背景

第一節　李登輝當政與國民黨的流派鬥爭

　　社會存在並不僅僅是生產方式、人口和自然環境，馬克思和恩格斯認為：「人們的存在就是他們的實際生活過程」，人們的社會存在既包括人與自然的關係，也包括人與人之間的社會關係。「我對我的環境的關係是我的意識。」李登輝分裂主義意識的產生和發展與李登輝及其臺灣社會所處的社會環境直接相關。1988年李登輝繼任臺灣地區領導人以來，國民黨內即呈現出激烈的派系鬥爭，即所謂的「主流派」與「非主流派」之間的政治路線、意識形態和政治權力角逐。當然流派鬥爭並不是臺灣特殊社會存在的唯一表現，但確實是臺灣特殊社會存在的典型表現。「國民黨主流派係指，在黨內權力分配上居於主導地位；在意識形態上傾向強調臺灣自主本位、臺灣利益優先；並高度擁護李登輝施政的政治成員，其代表人物如：宋楚瑜、許水德等。非主流派係指，在黨內權力分配上居於次要地位，在意識形態上較傾向於同情大中國統一政策；低度支持甚至反對李登輝施政的政治成員，其代表人物如：郝柏村、梁肅戎等。」經過1988年的代理黨主席競爭、國民黨「十三全大會」的鬥爭、1990年的「二月政爭」、1992年及1994年「修憲」中的「總統直選方式」之爭、以及1996年的臺灣地區領導人選舉，李登輝不斷鞏固其政治權力，非主流派在國民黨內的力量逐漸式微。然而，主流派與非主流派的權力鬥爭與路線鬥爭的過程對於形塑李登輝的分

裂主義政治路線起了極大的影響與推動作用。

（一）從李登輝繼位到國民黨「十三全」：國民黨主席之爭

1988年，蔣經國去世後，李登輝依法繼位。以宋美齡為首的「官邸派」試圖阻止李登輝接任國民黨主席，李登輝透過堅持「蔣經國路線」，拉攏國民黨非主流派，逐漸奪得黨權，鞏固了個人的政治地位。

1.蔣經國去世與李登輝繼位

1988年1月13日下午3時50分，國民黨當局的「總統」蔣經國因心臟呼吸衰竭而去世。當天晚上，國民黨召開了臨時中常會，決定依據「中華民國憲法」第49條規定，由「副總統」李登輝繼任「總統」。當晚8時08分，國民黨當局的黨政軍大員齊集「總統府」大禮堂，李登輝在「司法院長」林洋港監誓下，宣誓繼任第七任「中華民國總統」。蔣經國的去世，標誌著臺灣「強人政治」時代的結束；而李登輝的繼位，標誌著第一個「臺灣人總統」的產生。

蔣經國去世之時，並未留下遺囑，李登輝、俞國華等人在蔣經國居住的七海官邸匆匆討論撰寫了遺囑內容，由王家驊紀錄繕寫，李登輝、俞國華、倪文亞、林洋港、孔德成、黃尊秋、蔣孝勇等人簽名，並公開對外發佈。國民黨當局公佈的蔣經國遺囑宣稱：「經國受全國國民之付託，相與努力於以三民主義統一中國大業，為共同奮鬥之目標。萬一余為天年所限，務望我政府與民眾堅守反共復國決策，並望始終一貫積極推行民主憲政建設。全國軍民，在國父三民主義與先總統遺訓指引之下，務須團結一致，奮鬥到底，加速光復大陸，完成以三民主義統一中國之大業，是所切囑。」李登輝宣誓繼任「總統」後發表談話，表示：「十餘年來，登輝親承訓

誨，深知經國先生忠誠謀國的苦心，無時無刻不以實行三民主義，完成中國統一的大業為職志，也無時無刻不以增進全體同胞的福祉，而日夜憂勤。今天，國家的大政方針均已確定，各項建設也在全面展開，希望我全體同胞，務須遵照經國先生遺囑，堅守反共復國決策，積極推行民主憲政，一心一德，團結奮鬥。登輝自當本乎至誠，遵守憲法，維護國家安全，增進全民福祉，竭盡一切力量，與我全體同胞，共同為完成以三民主義統一中國的大業而努力。」

當晚，剛剛繼任「總統」的李登輝連續發佈三道命令，包括治喪令、奉行遺囑令和緊急處分令。在奉行遺囑令中，李登輝表示：「遺囑猶以『堅守反共復國決策積極推行民主憲政』諄諄訓誨。我全國同胞務須團結一致敬謹懔遵，篤行實踐，竭忠盡智，克竟全功，願共勉旃。」在緊急處分令中，李登輝宣佈：「國喪期間聚眾集會遊行及請願等活動一律停止」。臺灣「行政院」則宣佈從1988年1月14日造成2月12日止，「國喪期間共30日」。臺灣的「國防部」也通令：「自今晚8時起，駐守在金馬前線及全國各地的武裝部隊一律停止休假，加強戒備。」

第二天，即1988年1月14日，中國國民黨中央委員會透過中央廣播電臺發表「敬告大陸同胞書」，宣佈蔣經國因病逝世的消息，宣示「中國國民黨矢志完成以三民主義統一中國的大業，不達目的決不終止」，並且籲請大陸同胞「化悲慟為力量，團結起來，共同來為三民主義統一中國而奮鬥！為實踐民族獨立、民權平等、民生樂利而共同奮鬥！」當日，對於蔣經國先生的去世，中國共產黨中央委員會致電國民黨中央委員會，表達了哀悼之意，電文指出：「驚悉中國國民黨主席蔣經國先生不幸逝世，深表哀悼，並向蔣經國先生的親屬表示誠摯的慰問。」在此同時，時任中共中央總書記的趙紫陽發表公開談話，對中國國民黨主席蔣經國先生不幸逝世，「深表哀悼」，並積極肯定「蔣經國堅持一個中國，反對『臺灣獨立』，主張國家統一，表示要向歷史作出交待，並為兩岸關係的緩

和作了一定的努力」；重申了中國共產黨「和平統一祖國的方針和政策是不會改變的」；也表達了大陸人民的期待，「我們希望新的國民黨領導人，從中華民族根本利益出發，審時度勢，順應民心，把海峽兩岸關係上開始出現的良好勢頭推向前進，為早日結束我們國家分裂局面、實現和平統一作出積極貢獻」；「我們由衷地期望臺灣局勢穩定，社會安寧，經濟繼續發展，人民安居樂業」。

2.國民黨代理黨主席之爭

李登輝雖然依法繼任「總統」，但是李登輝在國民黨內的權力根基並不牢靠。蔣經國去世後，黨政大權仍由蔣經國所扶植的黨內實權人物所掌控，其中包括「行政院長」俞國華掌握了政務系統、國民黨秘書長李煥掌握了黨務系統、「參謀總長」郝柏村掌握了軍隊系統。為了奪取黨政軍的實權，李登輝採取了穩定局勢、隱藏野心、各個擊破的策略。

李登輝鞏固權力的第一步是穩定軍方。蔣經國去世後的第二天，即1988年1月14日早上，李登輝一上班即召見「參謀總長」郝柏村，聽取郝柏村的報告，還出言安撫郝柏村：「經國先生的改革將繼續推動，軍中人事以安定為原則，請你多負點責」。隨後，臺灣軍方的「國防部長」鄭為元、「參謀總長」郝柏村公開上電表達效忠，表示三軍官兵「銜哀報效」，「服從命令」。

李登輝鞏固權力的第二步是向各方表態將遵循蔣經國的路線。從1988年1月14日開始，李登輝每天一早先到設在臺北士林榮民總醫院懷遠堂的蔣經國靈堂行禮，再到「總統府」上班，以示對蔣經國的尊崇和繼承，李登輝為此堅持了13天。李登輝甚至還特意前往「國父紀念館」與「中正紀念堂」分別向孫中山與蔣介石的銅像行禮。李登輝還馬不停蹄地拜會了國民黨內的元老宋美齡、蔣方良、嚴家淦、張群、俞大維、陳立夫等人，目的是「讓大家清楚，李登輝會按照蔣經國的路線，訂定國家未來發展的方向，希望大家安

心」。李登輝還在接見「增額立委」時公開表示,「就任初期,將貫徹蔣經國遺訓,因此沒有李登輝政策」。

　　李登輝鞏固權力的第三步是奪取黨權。李登輝繼任「總統」後,是否接任空缺的執政黨國民黨主席的職位成為台灣權力鬥爭的第一波焦點。顯然,李登輝接任黨權的過程並沒有繼任「總統」順利,李登輝代理黨主席案自始就遭到以宋美齡為首的「官邸派」的反對。

　　蔣經國死後第三天,國民黨秘書長李煥召集三位副秘書長宋楚瑜、馬英九和高銘輝商議黨主席問題,認為黨政同一領導人的一元領導有必要維持。李煥和三位副秘書長分別造訪黨內大老和中常委後,依照規劃,準備在1988年1月20日的中常會上推舉李登輝擔任國民黨代理黨主席,「十三全」再正式就任黨主席。然而1988年1月16日,台灣媒體就傳出,國民黨中央初步決定暫不推舉新任黨主席,有關議題延至7月7日召開的「十三全」決定,而每週例行的中常會繼續維持蔣經國生前已經運作的中常委輪流主持制度。這樣的決定顯然使李登輝接任黨權的道路平添變數,夜長夢多。

　　1988年1月18日,美國在臺協會臺北辦事處處長丁大衛會見李登輝,帶去了雷根政府「堅定支持臺灣安全與安定」的保證,給李登輝吃了一顆定心丸。同一天,國民黨內趙少康、林時機、黃主文、王金平、李勝峰等39名「立委」共同連署發表「中國國民黨不可一日無領袖」的聲明,呼籲「在本黨新主席依黨章規定的民主程序產生之前,推任李總統登輝先生代理本黨主席,以維全民信心,以維本黨形象」。趙少康等人把李登輝當作國民黨內推動改革的力量,支持他對抗「保守的官邸派」。1月19日,宋美齡致信李煥,關於黨主席接任人選的安排,她反映國民黨元老級的中評委陳立夫建議,應考慮集體領導模式。李煥與「行政院長」俞國華、「總統府秘書長」沈昌煥商議後,決定取消原定1月20日舉行的中常會。

此後,「國民大會」和「監察院」均出現連署支援李登輝代理黨主席的情況,在社會各界輿論的壓力下,國民黨秘書長李煥和三位副秘書長徵求各界意見後,仍決定在1月27日由中常委俞國華領銜提出李登輝代理黨主席案。然而,1月26日晚上,蔣經國的第三個兒子蔣孝勇再次打電話給俞國華,表示奉老夫人(宋美齡)之命,指示第二天不得在中常會提出代理黨主席案。

1988年1月27日,國民黨召開例行的中常會,列席中常會的副秘書長宋楚瑜見遲遲未討論代理黨主席案,按捺不住,突然舉手要求發言。宋楚瑜慷慨激昂地表示對於中常會不提出代理黨主席案,「非常不滿意,並嚴重抗議」,認為「對黨、對國家所造成的傷害將一天大過一天,多拖一天,就越對不起經國先生一天」。宋楚瑜說完退出會場,與會者一片錯愕,李煥隨即宣佈討論代理黨主席案,國民黨中常委一致決議推舉李登輝代理黨主席。

李登輝鞏固權力的第四步是宣示堅持改革和「反臺獨」的立場。

李登輝奪得黨權後,為了展示改革的形象,表示將「加速推動三中全會後所提出的六大政治革新方案」。1988年2月3日,李登輝第一次主持國民黨中常會,即透過了「動員戡亂時期充實中央民意代表機構革新方案」,該方案確定民意機構改革的四項原則:「1.訂定增額中央民意代表總額,並擬定自由地區分期擴增之名額,自七十八年選舉開始實施;2.鼓勵第一屆資深中央民意代表自願退職,並訂定辦法,以酬謝其對國家多年貢獻;3.第一屆資深中央民意代表,因長年臥病或長居國外,不行使職權已達一定期間者,視為自願退職;4.停止第一屆國大代表出缺遞補。」2月10日,李登輝第二次主持國民黨中常會透過了「動員戡亂時期充實地方機構方案」以及「全臺性減刑方案」。李登輝推動的這些改革措施,回應和部分滿足了在野的民進黨的訴求,向社會各界展示了其繼續推動

改革的決心。1988年2月22日，李登輝利用首次記者會的機會，向各界宣示「反臺獨」的決心。李登輝表示：「我們中華民國的國策，大家要瞭解，就是只有一個中國而沒有兩個中國的政策。只有一個中國，我們必須要統一。」透過這一系列的宣示和動作，李登輝取得了國民黨基層群眾的支持，被台灣社會各界寄予厚望，從而穩定了其初掌黨政大權的政治和社會基礎。

3.國民黨「十三全」的權力鬥爭

李登輝奪得黨權之後，積極籌備「中國國民黨第十三次全國代表大會」，（簡稱國民黨「十三全」），為其合法、正式取得黨主席職位作準備。國民黨規劃出席代表為1059人，其中臺灣省黨部為287名，臺北市黨部為56名，高雄市黨部為37名。這三個區域黨部採取直接選舉方式，在1988年5月14日由黨員投票選出380名代表。國民黨「十三全」在會前成立了五個小組專門針對五項議題分別進行研究，這五項議題是主義與思想案、政綱政策案、大陸工作案、黨務革新案以及黨章修正案。大陸政策研究組針對大陸政策提出兩項共識原則，第一是將中共與中國分開討論，第二是將中共政權與大陸同胞分別看待。多數人還主張設立處理大陸事務的專責機構，以收統一事權之效。

1988年7月7日至7月13日，以「革新求進步、奮鬥爭千秋」為主題的國民黨「十三全」正式召開。國民黨「十三全」是蔣經國去世後國民黨召開的第一次「全國代表大會」，李登輝透過「十三全」，鞏固了個人在黨內的政治地位。「這次大會總的成果評估起來，大致上完成三項基本任務，其一是重新確立新的領導中心，其二是適應新時代的需要標舉出新的政治路線綱領，其三是完成中央組織權力結構的全盤改組。」

第一，李登輝透過表達「反臺獨」的立場爭取國民黨內的支持。

國民黨召開「十三全」之時，蔣經國培養的黨政軍大員仍身居黨內要津，他們在意識形態上堅持「反共復國」的立場。李登輝為了爭取國民黨內的支持，不得不公開表明「反對臺獨、反對分裂」的政治立場。李登輝在開幕致詞中表示：「任何分裂國土的主張，均是全民的公敵，為民族大義所不容，為國家法令所不許，必將遭到全體國人的唾棄。」7月8日，宋美齡出席國民黨「十三全」，並由李煥代為宣讀「創新而不忘舊、前進而不忘本」的一篇致詞，提出：「眼前正值緊要關頭，老成引退，新血繼之，譬比大樹雖新葉叢生，而卓然置基於地者，則賴老根老幹」。「總理創五族共和，志在團結；同為漢族，自無所謂獨立之理。以美國之崇尚民主自由，不惜內戰，制止分離，其理自明。」宋美齡的講話，一方面希望國民黨新生代尊重老一輩，另一方面表達了對「臺獨、分裂」的擔憂。7月11日，會議完成了黨章修正案，維持了國民黨所謂「革命民主政黨」的屬性定位，把「光復大陸國土」當作國民黨的重要使命。

第二，國民黨中央堅持以「起立」方式選舉李登輝為黨主席。

正式選舉李登輝為國民黨主席，是國民黨「十三全大會」的主要任務。在會議上，就黨主席選舉方式採取「票選」還是「起立」的問題，新生代與國民黨中央進行了激烈的爭辯。在國民黨「十三全」召開之前，國民黨「立委」趙少康、李勝峰等人提出由黨代表票選黨主席的主張，反對傳統的起立同意的選舉方式，希望李登輝「做中國五千年以來第一位民選領袖」。7月8日，經過一番爭辯後，國民黨仍維持起立方式選舉李登輝為黨主席。表決過程中，全場1176名黨代表起立「擁戴」李登輝擔任國民黨主席，只有趙少康、李勝峰等8人靜坐在座椅上表達抗議。

第三，李登輝對黨內權力結構進行了重組。

李登輝對國民黨內的權力結構進行了重組，透過十三屆中央委

員的選舉，把十二屆中央委員的人選更換了一半，並且使得宋楚瑜、章孝嚴、關中、馬英九等青壯世代浮上檯面，而俞國華、王升、倪文亞、郭婉容、馬紀壯等老一代的行政官僚則出現排名下滑的現象。7月14日，國民黨對中常委進行了改選，在31名中常委中，有12人新任，其中包括宋楚瑜、錢複、蘇南成、陳田錨、許勝發等人。李登輝透過逐步更替的方式改變了國民黨中央的權力結構，使他自己在國民黨內的權力地位更加穩固。

李登輝還挫敗了蔣緯國試圖擠入國民黨權力核心的目標。大會召開之前，部分「資深國代」推舉蔣緯國擔任國民黨副主席，蔣緯國本人則有意爭取國民黨中常委的職位。7月9日，李登輝宣佈現任中評委包括蔣緯國全面留任，打破了蔣緯國轉任中常委的計畫，把「蔣家人」擠出國民黨的決策核心。但是李煥透過擔任國民黨秘書長的表現，在中央委員選舉中衝到第一名的位置，也引起了李登輝的高度戒備。

李登輝透過國民黨「十三全」，在黨內鞏固了其個人的政治地位。由於20世紀80年代末，黨政一體的傳統仍是臺灣政治體制的特色，國民黨作為執政黨仍牢牢掌控著臺灣政局走向，李登輝鞏固黨權是強化其作為「總統」的政治地位的重要基礎。然而，國民黨「十三全」暴露了國民黨內的矛盾，隨著台灣政局的發展，國民黨內的矛盾也愈演愈烈。

（二）二月政爭：國民黨內主流派與非主流派鬥爭的公開化

李登輝奪得黨權後，開始逐步採取削弱非主流派勢力的步驟。1989年5月，俞國華辭去「行政院長」職務，由李煥出任「行政院長」，全力支持李登輝的宋楚瑜出任國民黨中央秘書長。「宋楚瑜

負責幫助李登輝收回和看管黨務系統。宋楚瑜對黨務系統進行了徹底改革，全面清除親蔣勢力，推行『本土化』」。1989年11月，李登輝不顧宋美齡的反對，將擔任「參謀總長」長達8年的郝柏村調任「國防部長」，削弱了郝柏村的軍隊指揮權。但是，李登輝的做法也引起了非主流派的警惕，在1990年「總統、副總統」選舉前夕，非主流派發起了一次強有力的反擊。

1990年2月，臺灣面臨所謂第八屆「總統、副總統」選舉，國民黨內圍繞著反李與擁李展開了激烈的權力鬥爭，李登輝步步為營，擊潰了反李勢力的又一次集結，實現了連任「總統」的目的，史稱「二月政爭」。1990年發生在臺灣政壇上的「二月政爭」，是李登輝繼任「總統」以來面臨的最大危機，非主流派王升、李煥、郝柏村、林洋港等人暗中運作，對李登輝發起了最有可能成功的一次反擊，幾乎使李登輝在國民黨內喪失了被提名連任的機會。「二月政爭」使國民黨內主流派與非主流派的鬥爭公開化，也使李登輝對非主流派留下了深刻的敵意與惡感。

「二月政爭」源於「副總統」候選人的提名之爭。早在1989年6月，部分「資深國代」就開始推舉蔣緯國參選「副總統」；10月份，部分「國代」組成「支持賢能人士競選委員會」擁蔣參選，「國大」的次級團體「政黨聯合會」、「無黨無派主義同志會」、「憲政座談會」也先後為蔣緯國造勢。擁蔣派「國代」包括兩路人馬，一路以軍系「國代」滕傑為主，另一路以「國代」楊公邁、田桂林為主。蔣緯國本人則採取了被動的「候選而不競選」的態度。除了蔣緯國是「副總統」的熱門人選，時任「行政院長」的李煥也得到部分「國代」的支持，擁李派「國代」以東北籍和團派「國代」為主。「全民愛國會」等團體則公開支持林洋港參選「副總統」。

1990年1月，為了營造國民黨內擁戴李登輝連任的氛圍，國民

黨中央策動了兩波連署支持李登輝連任的動作。第一波是春節前後，由國民黨中央秘書長宋楚瑜、副秘書長高銘輝、關中等三人分頭找31位中常委連署。第二波是1月31日，在國民黨中常會散會李登輝離席後，宋楚瑜取出連署書，請出席的中常委在備妥的連署書上一一簽名，連李煥、林洋港等人都不得不簽名表示支持。在此同時，國民黨中評會主席團也完成了所謂「連署支持李登輝連任」的動作。第二天，即2月1日，李登輝放出風聲，提出「副總統」人選的「五項條件」，包括：「（1）在政界及學界相當地位和經驗；（2）能全心輔弼總統，與總統有共事經驗，且能得到總統信任；（3）外省籍；（4）沒有意願競逐總統職位；（5）年齡略高於中生代，但不會太高。」相關條件均指向時任「總統府秘書長」的李元簇，已經排除提名蔣緯國或李煥出任「副總統」的可能性，引起「國民大會」擁蔣派「國代」的強烈反彈，擁蔣派主將滕傑表示：「所謂執政黨提名副總統的『五條件』根本只是『個人的意見』，無法代表黨意與民意。」擁蔣派「國代」揚言：「黨既然不尊重我們，那大家只好硬幹了。」他們表示，如果李登輝不提名蔣緯國搭檔競選，他們將擁護蔣緯國與李登輝對壘競選「總統」。

　　非主流派在確定無法取得「副總統」職位後，開始集結反擊。1990年2月8日，在時任駐巴拉圭「大使」的王昇的推動下，非主流派逐漸結合。2月9日，非主流派主要人物李煥、林洋港、蔣緯國、郝柏村、陳履安等人聚會，形成了推出林洋港和蔣緯國搭檔參選「正、副總統」的共識。2月10日，蔣緯國赴美訪問以避開台灣激烈的政爭。非主流派人士決定第二天先推動黨內票選提名候選人，進而再改變國民黨「正、副總統候選人」提名人選。「當天晚上，非主流人士再度碰面決定發動」。

　　由於李登輝代表了國民黨內所謂「民主、改革、本土」的勢力，迎合了臺灣社會發展潮流，不僅得到國民黨多數人的支援，而且得到反對勢力的青睞。1990年2月9日，彭明敏在美國紐約召開記

者會，公開宣佈支援李登輝出任「總統」，「現在只有靠李登輝，才能繼續推行民主化」。國民黨中央為了確保李登輝能被順利提名為候選人，規劃以「起立表決」的方式提名「總統候選人」。2月10日，李登輝得到非主流派正在集結的報告，非常緊張，召集親信宋楚瑜、宋心濂、蘇志誠等人，查證情況，徹夜拉票。他曾經公開表示：「二月的有一天，本人知道了我們的政局非常複雜，問題非常困難，整個晚上都沒有辦法睡覺，差不多連續做了兩個鐘頭的禱告，但是禱告了，靈並沒有進來。」

1990年2月11日，國民黨在臺北舉辦第十三屆中央委員會臨時全體會議。李登輝一早趕赴會場，分批會見國民黨中央委員，鞏固支持。李登輝也約見了李煥，「單刀直入向李煥表示，臨中全會若有任何不利國家社會的情況發生，要請李院長負責。」會議開始後，在討論「總統候選人」提名方式的過程中，「票選派」與「起立派」發生了激烈的爭辯。李煥、林洋港、魏鏞、鬱慕明等主張應以無記名票選方式選舉產生黨候選人。國民黨秘書長宋楚瑜再次走上講臺慷慨陳辭，批評「有黨內同志暗中結合，作出讓人憂慮的動作」。反李與擁李的雙方意見分歧，辯論了兩個多小時，雙方以「少數人一手遮天」、「少數人破壞團結」相互指責。最後，舉手表決以99人贊成、70人反對仍透過了以「起立」方式提名「總統候選人」的選舉辦法，同時也透過了以「舉手」方式提名「副總統候選人」的選舉辦法。在眾目睽睽的起立選舉方式下，國民黨十三屆臨中全會全體起立，「一致推舉」李登輝、李元簇出馬競選「正、副總統」。非主流派最為有利的一次奪權鬥爭在李登輝集中政經資源圍剿下功虧一簣。

國民黨正式提名「總統、副總統候選人」後，李登輝和李元簇在臺灣各地拜訪「國代」拉票。但是「國大」擁蔣派仍然堅持推舉蔣緯國參選，2月14日，蔣緯國在美國接受記者採訪時否認蔣經國生前曾講過「蔣家人不再競選總統」的話，並且堅持「候選而不競

選」的態度。2月19日，第一屆「國大」第八次會議在臺北陽明山中山樓開幕，「國代」總額為752人，實際報到人數為739人，主要任務是選舉「總統、副總統」。「國大」反李的人馬逐漸合流，醞釀推出林洋港和蔣緯國搭檔參選「正、副總統」。

「國大」召開後，國民黨中央一方面積極動員各種力量，拉攏、分化擁蔣派「國代」；另一方面營造對李登輝有利的社會氛圍，發動工商界、教育界、各級民意機構等民間系統發表聲明，擁戴和支持「雙李」。1990年2月25日，包括許倬雲、田弘茂、呂亞力等24人，公開發表一份名為「政局不穩、全民皆輸——一群海內外知識份子對當前時局的呼籲」的聲明，要求「資深國代們值此一大是大非的關鍵時刻，以國家利益為重，摒除一己之私，順利完成此次國家元首選舉的歷史任務」；呼籲執政黨大老們「及早自動宣佈退出此次權力爭逐」。同一天「澄社」發表「超越民主逆流，突破憲政僵局」的聲明，堅決反對出現第三位「蔣總統」。

1990年3月2日，李登輝約見林洋港，希望林洋港「不要參選」，但遭到林洋港的拒絕。3月3日下午，李登輝約請國民黨內的八大老——即謝東閔、陳立夫、黃少谷、袁守謙、倪文亞、李國鼎、蔣彥士、辜振甫會面，達成所謂「黨內不同意見可以有，但是黨絕對不能分裂」的共識，並願意出面分頭協調林洋港、郝柏村、李煥、陳履安、蔣緯國等非主流派人士。3月4日，200多位「國代」出席了擁戴林蔣的餐會。3月5日，除李國鼎外的七大老與李煥、林洋港、郝柏村、蔣緯國四人舉行了四個小時的整合協商會議。3月7日，李登輝在國民黨中常會針對非主流派所提的意見發表回應談話，他表示：「在民主化的要求下，本黨的組織、屬性與決策過程，無一不可檢討，也無一不可調整。」「對少數人士假民主之名，以遂行其分裂國土的陰謀叛亂行為，除已多次公開譴責外，切望有關機關依法嚴懲。」但是非主流派對李登輝的回應並不滿意。3月8日，前臺灣省議會議長蔡鴻文居間協調，並且轉達李登輝

「只選一屆」的承諾。3月9日，林洋港公開發表聲明，宣佈退出「總統」選舉。3月10日，蔣緯國也宣佈退出選舉。此後，李登輝在拜訪「國代」時公開表示「若當選任滿即退休」。3月16日下午，「國大」截止候選人提名登記，李登輝得到636位、李元簇得到594位「國代」的連署支持，李登輝、李元簇成為唯一一組獲得提名的「正、副總統候選人」。3月21日，「國大」正式投票選舉「總統」，李登輝獲得641票當選；3月22日，李元簇以602票當選「副總統」。李登輝有驚無險地度過了這場驚心動魄、跌盪起伏的「二月政爭」，國民黨非主流派以失敗而告終。

（三）從「肝膽相照」到「肝膽俱裂」：郝李矛盾的激化

　　李登輝雖然任命李煥擔任「行政院長」，但始終對李煥懷著深刻的戒備心理。隨著主流派與非主流派在「二月政爭」中的矛盾公開化，「李登輝與李煥的距離越來越遠。到了1990年三四月間，兩人關係極為冰冷。雙李每週一次會面交換意見的晤談，無話可說，時間越來越短，有時候五分鐘就草草結束。」1990年5月，李登輝利用連任就職之機對「內閣」進行全面改組，任命郝柏村出行「行政院長」。李登輝提名郝柏村「組閣」，具有一箭雙鵰的權力鬥爭考慮。一方面，透過郝柏村逼退李煥，使非主流派的結盟瓦解；另一方面，迫使郝柏村退出現役，交出軍權，同時還要面對民進黨與知識界對「軍人幹政」的反彈。為了拉攏郝柏村，李登輝還用「肝膽相照」形容雙方的關係。

　　1990年5月20日，國民黨中常會臨時會透過提名郝柏村為「行政院長」，然而在此同時，「全學聯」等組織發動1萬多人在臺北街頭遊行抗議，高呼「郝柏村下臺」、「反對軍人幹政」等口號。5月29日，李登輝發佈任命郝柏村為「行政院長」的人事命令；同

一天,在民進黨「立委」的激烈抗爭中「立法院」透過了郝柏村擔任「行政院長」的人事同意案;在「立法院」外,民進黨發動「反軍人幹政」群眾示威活動,示威群眾與警方發生了激烈的暴力衝突。在郝柏村三年多的「行政院長」任期中,以民進黨為主的反對郝柏村的聲浪始終高漲不退,李登輝則利用民進黨維持了對郝柏村的政治牽制。

郝柏村擔任「行政院長」後,李郝之間維持了一段時間相互合作的蜜月期,但不久之後,雙方就開始暴露出權力分配、政治路線與「憲改」主張上的矛盾。

首先,李郝雙方的衝突在權力鬥爭中爆發。1991年7月,郝柏村不顧李登輝的勸止在「國防部」與高級將領召開軍事會議,引起李登輝的顧忌。李登輝的親信將相關資料交給民進黨「立委」葉菊蘭,葉菊蘭公開指責郝柏村「有圖謀不軌的強烈野心」。8月1日,李登輝會見8位高級將領並發表講話,不僅未對郝柏村伸出援手,反而要求軍方:「做任何事情不要看人,要看國家。對國家的效忠,這是非常重要的。」顯然,李登輝要排除郝柏村的影響力,要求軍隊對他效忠,這使得李郝之間的心結越來越大。以至於在「立法院」出現了所謂「代理人戰爭」情況,一方是以「立委」鬱慕明、李勝峰為代表的「新國民黨連線」,高舉「中國統一」的旗幟,對郝柏村全力支持;另一方是以「立委」吳梓、林鈺祥、陳哲男等為代表的「集思會」,以李登輝的忠實門徒自居,經常強烈抨擊郝柏村。雙方在「立法院」唇槍舌劍,你來我往,鉤心鬥角。1991年底,李登輝提出晉升「總統府參軍長」蔣仲苓為一級上將。郝柏村認為依據蔣經國確定的臺灣軍方慣例,晉升一級上將必須任「參謀總長」或有戰功,而晉升蔣仲苓破壞了軍方的傳統慣例,因此他堅決反對。李郝矛盾急劇上升。

其次,李郝之間的鬥爭也表現在政治路線上。1990年9月,郝

柏村在未徵得李登輝同意的情況下提出「一國兩地區」的定位作為規範兩岸關係的基本理念。在「反臺獨」問題上，郝柏村採取了堅決不妥協的立場，1991年3月，郝柏村在答覆「立委」質詢時表示：「對於臺獨，政府絕沒有妥協餘地，不論以任何形式，政府均不能接受，李總統也不會接受。」1991年6月，李登輝表示贊成郝柏村「統獨休兵」的看法，郝柏村則認為，他提出「統獨休兵」並不表示「臺獨」可以任意而為，「統獨之間沒有中間地帶」。1992年9月前後，「集思會」的黃主文、吳梓、陳哲男、洪昭男、劉興善、林鈺祥等人質疑國民黨的「一個中國」政策，提出「分裂國家」、「兩個中國」、「國民黨臺灣化」、「臺灣優先」等主張，遭到郝柏村的嚴厲反駁，認為「忠貞國民黨員必須和臺獨劃清界限」、「不支持一個中國政策，就不要作國民黨黨員」。李煥在國民黨中常會中提議對主張「一中一臺」的黨員及「立委」進行處分，但李登輝僅裁示「交考紀會處理」。此後，「考紀會」對「主流派在立法院最有力的戰將之一」陳哲男作出了「從輕處分」的決定，引起國民黨非主流派的強烈不滿，要求以開除黨籍的方式進行處理。在國民黨非主流派的堅持下，1992年12月3日，國民黨中常會透過了開除陳哲男黨籍的處分案，「一中一臺案」的處理意示著非主流派在帶有強烈意識形態傾向鬥爭的個案中取得了勝利。

　　此外，李郝所代表的主流派與非主流派在有關「總統選舉方式」的「憲改」主張方面也存在著尖銳的政治矛盾。非主流派主張「總統」應當由「委任直選」產生，反對主流派主張的「公民直選」。非主流派認為「總統直選等於重新制憲」，「公民直選等於舉行公民投票」，選出的只是「臺灣的總統」，「臺灣選出的總統不能代表全中國，總統直選與宣佈臺獨無異」。但是由於主流派打著民意牌，與民進黨裡應外合，使得非主流派逐漸棄守「委任直選」的政治主張。

　　1993年1月30日，第二屆「國大」臨時會閉幕。在閉幕式上，

民進黨「國代」高喊「郝柏村下臺」的口號，國民黨直選派「國代」或冷眼旁觀，或與民進黨「國代」互相呼應，時任「行政院長」的非主流派的主要人物郝柏村振臂高呼：「中華民國萬歲！」「消滅臺獨！」郝柏村隨即提出辭去「行政院長」職務。郝柏村認為，「臺獨」縱使不是李登輝造成，也是由李所縱容、維護出來的；是李登輝與民進黨裡應外合，迫使他辭去職務。1月31日，支持郝柏村的群眾走上臺北街頭遊行示威，遊行群眾一路上不斷高喊「反獨臺」、「反獨裁」、「打倒李登輝」、「李登輝下臺」等口號。2月3日，國民黨中常會透過了郝柏村的請辭案，此後，李登輝提名連戰出任「行政院長」。1993年5月19日，謝東閔、俞國華、倪文亞、李國鼎、何宜武等5位非主流派的中常委，宣佈不再在國民黨「十四全」競選中央委員並辭去中常委職務。非主流派在國民黨內越來越呈現出邊緣化的趨勢。

（四）新黨成立：國民黨的分裂

早在1989年8月25日，國民黨內非主流派中的新生代——趙少康、鬱慕明、李勝峰等人為了與「集思會」抗衡，組織成立了「新國民黨連線」。「新國民黨連線」高舉堅持中國統一、反對「臺灣獨立」的旗幟，與台灣「臺獨」勢力作了針鋒相對的鬥爭。隨著李登輝分裂主義政治路線的日益暴露，「新國民黨連線」反對李登輝的立場也日益鮮明。1993年初，由於郝柏村被迫辭去「行政院長」職務，使得非主流派退出了國民黨高層權力核心，在國民黨內呈現出邊緣化的趨勢，國民黨內非主流派尤其是新生代的危機感越來越強烈。1993年3月，「新國民黨連線」向臺灣內政部門申請登記成立政治團體；8月10日，國民黨召開「十四全」前夕，「新國民黨連線」進一步宣佈成立「新黨」，以「小老百姓的代言人」自居。趙少康、鬱慕明、李慶華、周荃、陳癸淼、李勝峰、王建煊等七人

宣佈退出國民黨，成為新黨的組黨發起人，趙少康擔任首任召集人。8月22日，新黨舉辦了成立大會，透過了黨章。8月25日，新黨正式登記成立，成為臺灣內政部門登記成立的第74個政黨。11月24日，前「退輔會主委」許曆農宣佈退出國民黨，加入新黨，他抨擊李登輝主導下的國民黨「掛羊頭賣狗肉」，「已與主張臺獨的民進黨合流」，「他推崇新黨才是正統國民黨」。

新黨的成立是國民黨內主流派與非主流派激烈鬥爭的產物。主流派與非主流派長期以來在國民黨內展開了權力分配與政治路線上的角逐，矛盾越積越深，作為非主流派新生代的代表，「新國民黨連線」的成員不甘於在黨內鬥爭中日益邊緣化的趨勢，「國民黨『主流派』在十四大前對『非主流派』全面擠壓，是促使『新連線』出走組黨的直接原因。」新黨的成立標誌著到臺灣之後的國民黨的第一次分裂，一方面，新黨的成立使國民黨內非主流派的力量更加萎縮，另一方面，也使臺灣社會形成了公開的、正式的較有影響力的「反李、反臺獨」的政治組織。

新黨的成立不僅改變了臺灣國、民兩黨對抗的政黨政治格局，形成了三黨競爭的政黨政治生態，而且給李登輝的分裂主義路線造成極大的牽制。新黨堅持「一個中國」原則，反對「臺灣獨立」、「一中一臺」、「兩個中國」等論調，當然新黨所稱的「一個中國」是指「中華民國」。1994年新黨推出趙少康競選臺北市長，打出了「中華民國保衛戰」的旗幟，在選舉中挑起了統「獨」大戰，結果趙少康雖然高票落選，但卻使新黨跨過了5%的政黨門檻，並且在臺北市當選了11席市議員。1995年底在臺灣的「第三屆立委」選舉中，新黨主張以和平方式逐步達成統一，明確地打出「反臺獨」的口號，不僅公開反對民進黨的「臺獨」主張，而且強烈批評李登輝「明統暗獨」的立場，結果新黨在總席位164席中獲得21席「立委」，得票率達12.95%，成了臺灣政壇中佔據關鍵少數地位的政黨。1996年新黨全力支持林洋港、郝柏村參選「正副總統」，同

時在「國代」選舉中攻下46席,得票率達到13.67%。1996年新黨在「立法院」與民進黨聯手發起了「二月政爭」與「五月政改」,制約了李登輝在施政中一意孤行地貫徹分裂主義政治路線的做法。1995年和1996年是新黨發展的高潮期,也正是李登輝大肆推行分裂主義的內外政策的時期,尤其是1995年6月李登輝訪問美國,嚴重危害了兩岸關係的和平與穩定。新黨的發展對國民黨與民進黨的「獨臺」與「臺獨」的合流產生了一定的制約作用。新黨多次聯合「新同盟會」等政治團體舉辦「我是中國人」的大遊行。1999年7月李登輝拋出「兩國論」,新黨發起遊行,予以反制。然而,經過90年代中期的發展高潮之後,新黨一方面淡化「反臺獨、促統一」的意識形態,另一方面內部權力鬥爭加劇,在各項選舉中連遭敗績,最終仍舊無法擺脫發展成為泡沫性的政黨的結局。

(五)「林郝配」對「李連配」:非主流派的最後攻擊

1993年7月12日,在國民黨召開「十四全」之前,國民黨非主流派的「新同盟會」推出「正副總統」、省長及北、高市長的推薦人選,包括「總統」候選人林洋港、「副總統」候選人陳履安、臺灣省長候選人吳伯雄、臺北市長候選人趙少康及高雄市長候選人吳敦義,以爭取國民黨「十四全」黨代表的連署支持。第二天,林洋港表示:「鄭重考慮」競選「下屆總統」,並且表示:「我過去一貫主張,在第三階段修憲時,總統選舉應該要採取直接民選方式」。

1993年8月16日至22日,國民黨在臺北市召開「十四全」,李登輝對國民黨的權力結構進行了重新改組,基本上實現了國民黨本土化的政治目標。在國民黨新任的210名中央委員中,非主流派僅占約44位。主流派即以李登輝為首的本省籍政治勢力取得了國民黨

權力結構中的主導權,非主流派的力量成為國民黨內的少數派。為了安撫非主流派,李登輝仍舊提名林洋港、郝柏村與李元簇、連戰四人同時擔任國民黨副主席。李登輝認為,「十四全」是「中華民國及國民黨再出發的分水嶺」,「十四全」之後的國民黨「具有十分本土化的政黨特色」,已經是「臺灣地方化的新國民黨,這間老店已經換裝,賣東西、服務的人都不一樣了」。李登輝的說法引起非主流派的不滿,認為是李登輝推行「臺獨」理念的表現。

1994年1月,臺灣《遠見》雜誌總編輯王力行女士在訪問郝柏村的基礎上寫作出版《無愧——郝柏村的政治之旅》一書,對國民黨內的流派鬥爭進行了揭露。4月份,郝柏村在接受日本讀賣新聞專訪時,明確表示反對李登輝連任。6月10日,林洋港辭去「司法院長」職務,表達了參選「總統」的強烈決心。8月3日,郝柏村與李登輝在國民黨中常會上為第三次「修憲」問題爆發公開的言詞衝突,郝柏村直言有學者批評「這次修憲是一黨修憲、甚至是一人修憲」,李登輝立刻怒斥「你有偏見,這是誰講的話我知道,這是偏見,你根本不瞭解整體問題,你的話我不以為然,偏見」。

雖然林洋港不斷緊咬李登輝曾經承諾不再參選的政治誠信問題,但是李登輝參選的態勢日益明朗。1995年主流派與非主流派圍繞「總統」選舉的競爭再次激化。1995年初,國民黨內出現了勸進李登輝競選連任的聲音。新同盟會的成員梁肅戎、蔣緯國、許曆農等都堅決反對李登輝連任。1月15日,新同盟會決議支持林洋港參選「總統」。2月15日,林洋港公開表示「他個人參選總統到底,至於國民黨會不會分裂,要考慮責任的人不是他」。4月份,蔣緯國發表「正統國民黨員何去何從?」的文章,認為:「今天的國民黨,因為領導當局已經公開宣稱彼所領導的國民黨『只有兩歲』,並自命為『歷史新開端』,又指稱國民黨是『外來政權』,要將它變成『臺灣人的國民黨』,所以其領導的『臺灣國民黨』,應稱為『兩歲黨』,這已明顯脫離了百年正統。」蔣緯國呼籲:「所有第

五代的國民黨員，以及第六代自許為承繼國父正統理念的新黨同志，儘快充分合作，新舊結合，共圖遏止臺獨與獨裁。」4月11日，部分國民黨中生代教授組成「中國國民黨救黨改革委員會」，發表「救黨宣言」，用梁啟超的話「國家不幸元首謀逆」暗批李登輝，呼籲臺灣「慾海無涯，回頭是岸」。4月29日，國民黨中央考紀會撤銷「救黨會」召集人孫安迪的黨籍。5月7日，新同盟會舉行成立週年慶祝大會，發表宣言，強烈抨擊李登輝「縱容臺獨、破壞憲法、違背誠信」，堅決反對李登輝連任。5月12日，紐約《世界日報》刊登郝柏村《給本黨考紀會的公開信》，認為「如今，誰是忠黨？誰在毀黨？面臨嚴峻的考驗。」8月13日，為紀念抗戰勝利50週年，新同盟會在臺北市發起「我是中國人」萬人大遊行，「反李登輝、反臺獨」成為遊行的主軸。

　　面對非主流派的批判聲浪，李登輝再次耍弄兩面手法。1994年6月，李登輝在金門巡視時表示：「大家都是中國人，都是臺灣人。」1995年5月份，會見僑界代表時表示：「國家統一是長遠努力的目標，有部分人講我搞臺獨，這都是昧於事實的說法，更是一種惡意的曲解」；對黨務系統宣稱「國民黨最重要的方向和目標就是保衛中華民國」；對梁肅戎表示，他是主張統一的，「大家不應該誤會我」。然而，在此同時，李登輝卻又跑到美國肆無忌憚地鼓吹「中華民國在臺灣」、「在臺灣的中華民國」。

　　1995年8月初，林洋港公開表示，如果未獲國民黨提名參選，會放棄黨的支持，採取公民連署的方式參選到底。8月15日，林洋港出版回憶錄《誠信》一書，對國民黨內流派政爭進行了揭露。8月17日和18日，陳履安率先宣佈投入「總統選舉」，退出國民黨。8月22日至23日國民黨召開了「十四全二次會議」，大會透過「總統、副總統候選人提名辦法」，決定由全體黨代表投票提名「總統候選人」，由「總統候選人」推薦「副總統候選人」。李登輝宣佈參加競選。會後，林洋港召開記者會宣佈退出「黨內初選」。

1995年8月31日，國民黨舉行黨代表投票，李登輝獲得91.2%的支持率；9月1日，國民黨正式提名李登輝、連戰參加「正、副總統」競選。1995年10月21日，陳履安正式宣佈與王清峰搭檔參選「正、副總統」。11月15日，林洋港、郝柏村宣佈搭檔參選「正副總統」。「林郝配」將1996年臺灣地區領導人選舉定位為「反臺獨與獨臺、和平與戰爭、民主與獨裁」的對決，與新黨進行合作，在1995年底為新黨「立委候選人」助選，林洋港和郝柏村因此被國民黨中央撤銷黨籍。

　　而民進黨方面，1995年2月28日「獨派」大佬彭明敏、辜寬敏加入民進黨；3月20日，彭明敏宣佈參選「總統」。許信良與彭明敏在民進黨內初選中展開了激烈的角逐，彭明敏在黨內初選中勝出，提出以「終結外來政權」作為選戰主軸。

　　1996年3月23日，臺灣地區領導人第一次直接選舉結果產生，李登輝、連戰以54%的得票率當選，而代表國民黨內非主流派的兩組候選人林洋港、郝柏村得票率為14.9%，陳履安、王清峰得票率為9.98%。由於實力懸殊，選後國民黨內非主流派全面退卻，林洋港、郝柏村、陳履安、蔣緯國等人均淡出政治舞臺。李登輝挾持著民意，在臺灣社會和國民黨內取得了集權統治的「合法性與正當性」，國民黨內的主流派與非主流派鬥爭遂告偃旗息鼓，以李登輝及其主流派的勝利告終。

（六）小結：國民黨流派鬥爭的本質

　　在20世紀90年代中期以前，李登輝鞏固個人權力和地位的政治鬥爭主要是在國民黨主流派與非主流派之間展開的，而國民黨內的流派鬥爭對於型塑李登輝的分裂主義政治路線產生了現實的催化作用。李登輝利用了臺灣本土意識和民進黨的力量在黨內流派鬥爭中

擊潰非主流派，使得國民黨主流派與非主流派之間的鬥爭並不僅僅是赤裸裸的權力角逐，事實上，在權力角逐的表面是意識形態和政治路線的尖銳矛盾。當然，李登輝在當政初期也曾經試圖在意識形態上向非主流派妥協，但是，權力鬥爭的激烈衝突使得李登輝在政治上日益向分裂主義路線傾斜，李登輝在意識形態上始終無法擺脫台灣權力鬥爭格局的制約。隨著李登輝「務實外交」的推動、在「一個中國原則」上的動搖和對民進黨的拉攏，非主流派攻擊李登輝走的是「獨臺」路線，是「B型臺獨」。而國民黨主流派以及民進黨則把國民黨非主流派當作舊體制的代表，在國民黨主流派看來，「李登輝總統就任兩年多以來，傳統的舊體制轉化到革新的新體制，雖然持續地醞釀和發展著，不曾一日中斷，但是在這轉化的過程中，舊體制並未在新形勢中完全消失，或自甘退出歷史舞臺，事實上，舊體制的力量卻逐漸集結累積，正伺機而發，準備對新體制的形成進行著一次總的攤牌。」

在國民黨流派鬥爭過程中，非主流派往往被臺灣輿論視為「舊體制、反改革、反民主」的代表，然而，在「二月政爭」過程中，非主流派卻是強烈地要求黨內民主改革的政治力量。相反，主流派為了維護李登輝的權力地位，極力維護舊的並不民主的「起立表決」的選舉提名方式，也以鞏固領導核心、加強團結為名，壓抑非主流派的黨內民主改革訴求。時任「行政院長」的李煥所草擬甚至公開宣告的民主改革方案比李登輝所承諾和推動的政改方案更加具體、甚至於更加激進，給非主流派貼上「舊體制、反改革、反民主」的標籤顯然是台灣政治鬥爭的需要。這也說明，20世紀90年代臺灣社會所謂的民主改革，是在臺灣各種政治力量藉以作為政治鬥爭工具和手段的過程中得以推進和發展的。

第二節　90年代的兩岸政治互動

兩岸政治互動構成了臺灣社會存在的外部環境因素。從20世紀70年代末開始，大陸提出和平統一的對臺政策，兩岸政治互動就醞釀著巨大的變化。1987年11月，臺灣開放民眾返鄉探親，打開了兩岸民間交流的大門。李登輝繼任後，繼續調整大陸政策。臺灣成立「海基會」，大陸成立「海協會」。海峽兩岸共同推動兩岸兩會協商和辜汪會談，開啟了兩岸政治互動的管道。然而，兩岸政治互動所帶來的兩岸政治定位問題也成為長期困擾兩岸關係的政治難題，李登輝不斷地企圖在兩岸關係、「務實外交」、「憲政體制」中突破一個中國的政治框架，也使得兩岸政治互動處在波折起伏的不穩定狀態中。

（一）兩岸民間交流的開啟

1979年1月1日，全國人大常委會發表《告臺灣同胞書》，提出：「我們希望雙方儘快實現通航通郵，以利雙方同胞直接接觸，互通訊息，探親訪友，旅遊參觀，進行學術文化體育工藝觀摩。」「我們相互之間完全應當發展貿易，互通有無，進行經濟交流。」在同一天，國防部長徐向前下令福建前線部隊停止對大金門、小金門、大擔、二擔等島嶼的炮擊。但在此同時，國民黨當局卻確定了「不接觸、不談判、不妥協」的大陸政策。1980年6月，蔣經國進一步提出要「以三民主義統一中國」。1981年4月，國民黨「十二全」透過了「貫徹以三民主義統一中國案」，把「三民主義統一中國」作為臺灣「努力奮鬥之目標」。

20世紀80年代初，隨著國內外形勢的改變，以鄧小平同志為核心的中共第二代領導集體開創性地提出了「和平統一、一國兩制」構想。1984年6月，鄧小平同志在會見香港知名人士時對「一個國家、兩種制度」進行了全面系統的論述，指出：「近幾年來，中國一直在克服『左』的錯誤，堅持從實際出發，實事求是，來制定各

方面工作的政策。經過五年半，現在已經見效了。正是在這種情況下，我們才提出用『一個國家、兩種制度』的辦法來解決香港和臺灣問題。」1986年3月，中國人民解放軍駐福建地區部隊發言人宣佈：「為了進一步緩和臺灣海峽地區的局勢，促進祖國和平統一，我部已奉命於1985年停止向臺灣和金門、馬祖諸島空飄、海漂宣傳品。」在「和平統一、一國兩制」方針政策的指導下，祖國大陸積極推動緩和兩岸關係的舉措，為改善兩岸關係創造了良好的外部環境，對臺灣的「不接觸、不談判、不妥協」的政策形成了巨大的壓力，迫使臺灣最後不得不放棄「三不政策」，逐步開放兩岸的民間交流與人員往來。

　　從蔣經國晚年開始，一方面，逐漸推進台灣政治轉型，解除長達38年的「戒嚴」，開放「黨禁、報禁」；另一方面，不得不放寬對於兩岸人員往來的一些限制。1987年初，在民進黨的聲援下，外省老兵在台灣掀起老兵返鄉運動。1987年4月，何文德等人組織成立「外省人返鄉探親促進會」，提出「抓我來當兵，送我回家去！」的口號。在社會各界的壓力下，1987年8月，臺灣宣佈考慮開放一般民眾返回大陸探親。1987年10月14日，國民黨中常會透過開放大陸探親政策，原則同意除現役軍人及現任公職人員外，凡在大陸有血親、姻親三親等以內之親屬者，不限年齡，均得赴大陸探親。10月15日，臺灣的內政部門透過「臺灣地區民眾赴大陸探親辦法」，正式宣佈自11月2日起，由紅十字會受理臺灣民眾赴大陸探親登記。臺灣開放臺胞到大陸探親的舉措得到大陸方面的熱情歡迎，10月16日，國務院辦公廳發佈《關於臺灣同胞來祖國大陸探親旅遊接待辦法的通知》，指出：「祖國政府熱誠歡迎臺灣同胞來大陸探親和旅遊，保證來去自由。」1987年11月2日，臺北的紅十字會開始受理探親登記，凌晨三點就有人開始排隊，把臺灣紅十字會的辦公地點擠得水洩不通，當天就有1000多人辦好了手續。開放臺灣民眾來大陸探親，突破了近四十年的限制，結束了兩岸人民骨肉

分離的局面,打開了兩岸民間交流與人員往來的大門。

　　蔣經國去世後,李登輝在繼任之初延續蔣經國追求國家統一的政治路線,在大陸政策上採取逐步開放的政策。兩岸人員往來和經濟、文化交流不斷擴大,涉及兩岸交流的事務性問題日益增多。例如,隨著兩岸人員往來的日益增長,兩岸公證書的相互使用不斷增加,1988年大陸各縣市公證處出具的發往臺灣使用的公證書有1100多份;1989年增加為4000多份;1990年增加到8900多份,呈逐年增長的勢頭。

　　隨著兩岸交流的增多,涉及兩岸人員的各種糾紛和犯罪活動等突發事件也不斷出現。1990年7月21日,臺灣以非人道的方式遣返大陸私渡人員,致使25人在釘死的「閩平漁5540號」船艙中窒息死亡。1990年8月13日,遣返私渡人員的「閩平漁5202號」漁船被押送的臺灣軍艦撞沉,致使21人溺水死亡。臺灣草菅人命的做法,遭到輿論的強烈譴責。為了避免類似慘案的發生,1990年9月中旬,中國紅十字總會代表韓長林和臺灣紅十字組織代表陳長文在金門商談,達成有關海上遣返協議,史稱「金門協議」,這是兩岸分隔四十年來簽訂的第一份書面協定。「金門協議」規定了針對私渡人員、刑事嫌疑犯和刑事犯的遣返作業,指出「應確保遣返作業符合人道精神與安全便利的原則」,並商定「馬尾—馬祖」和「廈門—金門」為遣返交接地點。

(二) 兩岸兩會的成立

　　面對兩岸交流日益頻繁,兩岸事務不斷增加的壓力,臺灣不得不徹底放棄「不接觸、不談判、不妥協」的「三不」政策,在1990年陸續成立了「國家統一委員會」、「大陸事務委員會」、「財團法人海峽交流基金會」作為系統的大陸工作體系。1990年9月12

日，國民黨中常會透過了「國家統一委員會」（簡稱「國統會」）設置要點，作為臺灣推行「國家統一」政策的研究與諮詢機構。1990年10月7日，臺灣正式成立「國統會」，李登輝在致詞時表示：「登輝自承全民的付託，就任總統職位以來，念茲在茲，未敢一日或忘的，就是國家統一問題」。在總結講話中，李登輝也明確表示：「我們成立國家統一委員會的目的之一，就是表示『臺獨』是行不通的。」1990年11月21日，臺灣成立「財團法人海峽交流基金會」（簡稱「海基會」），作為受政府委託處理兩岸民間交流技術性、事務性工作的民間團體，由辜振甫擔任董事長，陳長文、許勝發任副董事長，陳長文兼任秘書長。陳長文在接受記者採訪時表示：「基金會的目的是協調、促進兩岸交流，讓中國邁向統一而不是分裂」。與此同時，11月22日，臺灣將「行政院大陸工作會報」改組為負責處理大陸事務的專責機構——「行政院大陸事務委員會」，並且正式掛牌運作。

「國統會」與「海基會」的成立之初，確立了堅持一個中國原則，追求國家統一，促進兩岸交流的大陸政策，得到大陸方面的善意回應。國臺辦副主任唐樹備表示：「對於臺灣省的任何團體和個人，只要是真正推動兩岸關係的發展，促進直接『三通』和雙向交流，我們都願意與之接觸，進行討論。」1991年2月23日，臺灣的「國統會」透過「國家統一綱領」，表明：「大陸與臺灣均是中國的領土，促成國家的統一，乃是中國人共同的責任。」1991年3月10日，「海基會」正式掛牌運作。4月20日，時任「陸委會副主委兼發言人」的馬英九表示：「海基會將秉持著中國的、善意的、服務性的原則，努力展開工作。」1991年4月29日，國臺辦副主任唐樹備在會見率團訪問北京的海基會秘書長陳長文時，提出了處理海峽兩岸交往中的具體問題應遵循的五項原則，其中第二項主張：「在處理海峽兩岸交往事務中，應堅持一個中國的原則，反對任何形式的『兩個中國』、『一中一臺』，也反對『一國兩府』以及其

他類似的主張和行為」；「同時，為解決海峽兩岸交往中各個方面的具體問題，應儘早促成海峽兩岸有關方面以適當方式直接商談。」11月3日至7日，陳長文再次率團訪問北京，就合作打擊臺灣海峽海上走私、搶劫犯罪活動問題進行程式性商談。

為了便於與海基會接觸、商談，1991年12月16日，大陸成立「海峽兩岸關係協會」（簡稱「海協會」），由汪道涵任會長，唐樹備任常務副會長。海協會是以促進海峽兩岸交往、發展兩岸關係、實現祖國和平統一為宗旨的民間團體，可根據授權與臺灣有關部門和團體商談並簽署協定。兩岸兩會的成立，標誌著海峽兩岸制度性協商機制的形成。從此，兩岸兩會開展談判的曲折歷程，成為兩岸關係發展的晴雨表。

（三）「九二共識」的形成

海協會成立以後，兩岸兩會就「海峽兩岸公證書使用」、「創辦海峽兩岸掛號函件查詢、補償」兩項議題展開商談。1992年3月23日至26日，兩會代表在北京開始商談，雙方就如何表述一個中國原則產生了明顯的分歧。海基會人員一方面按照「陸委會」的要求，表示「沒有受權談一個中國問題」，另一方面又提出了一些明顯違反「一個中國」原則的主張。1992年3月30日，海協會常務副會長唐樹備指出：「『一個中國』已是兩岸的共識，所以這個原則不應當成為兩岸商談有關具體事務性問題的困擾。」「兩岸沒有統一，但我們是一個國家，這個原則我們是堅定不移的。至於用什麼形式來表述這麼一個原則，我們願意討論。」

大陸方面的意見引起了臺灣方面的關注，臺灣的「國統會」就「一個中國」的涵義展開了熱烈討論，有人主張沒有必要迴避「一個中國」問題，有人主張「一個中國」問題應暫時擺在一邊，但均

認同應堅持「一個中國」的立場，對於一個中國的內涵，則認為有必要進一步研究。時任「陸委會副主委」的馬英九認為，統一之前，臺灣的立場是「一個中國、兩個地區、兩個對等政治實體」。1992年7月16日，臺灣立法機構透過了「臺灣地區與大陸地區人民關係條例」（簡稱為「兩岸關係條例」），該法第二條規定：「臺灣地區指臺灣、澎湖、金門、馬祖及政府統治權所及之其他地區。」「大陸地區指臺灣地區以外之中華民國領土。」仍舊採取了「一國兩區」的兩岸關係法理架構。1992年8月1日，臺灣的「國統會」就「一個中國」涵義做結論，其中表明：「海峽兩岸均堅持『一個中國』之原則，但雙方所賦予之涵義有所不同。」「臺灣固為中國之一部分，但大陸亦為中國之一部分。」此後，海協會負責人表示，確認「海峽兩岸均堅持一個中國之原則」，對海峽兩岸事務性商談具有十分重要的意義，「它表明，在事務性商談中應堅持一個中國原則已成為海峽兩岸的共識」。

　　1992年9月，兩岸兩會秘書長在廈門會面，就一個中國原則的表述問題非正式交換意見，海協會代表表示：「臺灣方面關於一個中國原則的結論，說明雙方在事務性商談中堅持一個中國原則已有共識。但我們不同意臺有關方面對一個中國內涵的解釋，也不可能與海基會討論關於一個中國的內涵」，建議海基會認真考慮直接引用「海峽兩岸均堅持一個中國原則」的表述。

　　1992年10月28日至30日，兩岸兩會在香港進行「兩岸公證書使用」問題的工作性商談，雙方就如何在協定文本中表述堅持一個中國原則各自提出五種文字表述方案，但未形成一致看法。海基會代表建議「各自以口頭方式說明立場」，又提出了三種口頭表述方案，其中第八案的表述是：「在海峽兩岸共同努力謀求國家統一的過程中，雙方雖均堅持一個中國的原則，但對於一個中國的涵義，認知各有不同。」海協會經研究後認為可以考慮與海基會以上述各自口頭表述的內容表達堅持一個中國原則的態度。11月3日，海基

會發表了新聞稿並電傳海協會，表示：「本會經徵得主管機關同意，以口頭聲明方式各自表達，可以接受。」

1992年11月16日，海協會致函海基會，表示同意以各自口頭表述的方式表明堅持一個中國原則的態度，告之以海協會的口頭表述要點：「海峽兩岸都堅持一個中國的原則，努力謀求國家的統一。但在海峽兩岸事務性商談中，不涉及『一個中國』的政治涵義。」並附上了海基會於10月30日下午所提的口頭表述方案。對此，12月3日，海基會回函未表示異議。海協會和海基會在1992年商談過程中達成的各自以口頭方式表述「海峽兩岸均堅持一個中國原則」的共識，史稱「九二共識」。「九二共識」在堅持一個中國原則的基礎上，擱置對於一個中國政治涵義的爭議，體現了兩岸中國人求同存異的政治智慧，成為兩岸兩會談判的重要政治基礎。然而，達成「九二共識」並非李登輝的本意，堅持臺灣的兩岸關係政治定位才是李登輝的核心，因此，李登輝認為：「這個問題不只是歷史事實問題，也是政治問題，若非要說九二年兩會有共識，最真實的敘述就是『沒有共識』。而九二年最重要的精神是擱置爭議。」

（四）辜汪會談

海協會成立不久，1992年1月8日即致函海基會，邀請海基會董事長或秘書長率員訪問大陸。1992年8月4日，海協會會長汪道涵再次致函海基會董事長辜振甫，表示「深盼早日會晤，就當前經濟發展及雙方會務諸問題，交流意見，洽商方案，共利兩岸。」8月22日，辜振甫回函表示接受邀請，並提議在新加坡就有關雙方會務及兩岸文化經貿交流諸問題進行磋商。1992年11月，兩岸兩會達成的「九二共識」，為實現辜汪會談創造了條件。此後，兩岸兩會就辜汪會談進行了預備性磋商。1993年4月8日至10日，海協會常務副會長唐樹備與海基會副董事長兼秘書長邱進益在北京進行辜汪會談的

預備性磋商，就會談的時間、地點、人員、議題及有關問題達成八項共識。雙方認為辜汪會談的性質「是民間性的、經濟性的、事務性的、功能性的會談」。

1993年4月27日上午10時，舉世矚目的辜汪會談在新加坡海皇大廈正式舉行。4月29日上午，汪道涵與辜振甫簽署了《辜汪會談共同協定》、《兩會聯繫與會談制度協定》、《兩岸公證書使用查證協議》、《兩岸掛號函件查詢、補償事宜協定》等四項協定。

辜汪會談是1949年以來兩岸高層人士的首次接觸和談判，取得了重要成果，有力地推動了兩岸經貿往來和民間交流的發展，凝聚了兩岸中國人的民族認同，得到海內外輿論和社會各界的高度肯定。1993年5月6日，中共中央總書記江澤民同志在會見臺灣民營銀行大陸考察團時指出：「辜汪會談是成功的，是有成果的，它標誌著海峽兩岸關係發展邁出了歷史性的重要一步。」辜汪會談是海峽兩岸在堅持一個中國原則的基礎上平等談判的重要模式，說明了在一個中國原則基礎上，海峽兩岸完全可以透過平等協商，妥善解決兩岸同胞共同關心的問題。臺灣《中國時報》的社論認為辜汪會談「實已為兩岸協商對話模式奠定了良好的基礎，是歷經近半個世紀以來兩岸關係從對峙走向和平的一個重大發展關鍵」。

為了全面落實辜汪會談的四項協定，從1993年8月至1995年1月，海協會與海基會先後在北京、廈門、臺北、南京等地舉行了七次副秘書長層級的工作性商談，以及三次副會長與副董事長層級的兩會負責人會談。雙方圍繞著「劫機犯遣返」、「違反有關規定進入對方地區人員之遣返與相關問題」、「兩岸海上漁事糾紛之處理」等重要議題展開協商，由於臺灣刻意強調「兩岸分裂分治」，為兩岸談判設置重重障礙，使得政治因素成為影響兩岸兩會協商的主要障礙，兩岸兩會商談的相關協議遲遲未能簽署。

（五）江澤民主席八項主張的提出

　　20世紀90年代初，臺灣問題的國際國內環境都發生了較大的變化。在國際上，1989年東歐劇變，1991年蘇聯解體，國際格局進入了後冷戰時代，美國成為世界上唯一的超級大國，美國試圖透過插手臺灣問題來牽制和遏制中國發展的戰略意圖強化。1992年9月，美國政府批準售臺150架F-16A/B戰鬥機。1994年9月，美國對臺政策作了九項調整，其中包括臺駐美機構更名為「臺北駐美經濟文化代表處」、美國在臺協會官員可以到臺灣「外交部」洽談公務、允許美國高層官員訪臺等等。

　　在臺灣，李登輝擔任臺灣地區領導人的初期延續蔣氏父子堅持一個中國、追求國家統一的政策，但是隨著兩岸兩會談判的深入與發展，李登輝開始從一個中國的政策上倒退，認為「如果我們只說『堅持一個中國』，很容易讓人家誤會，因為在國際上，一個中國指的是中共的『中華人民共和國』」。因此，他認為「光簡單的講一個中國，就中了中共的圈套」。他要求大陸必須承認「兩岸分裂分治」的事實，要求大陸承認「中華民國在臺灣」的事實。1994年7月5日，臺灣發表了「臺海兩岸關係說明書」，主張：「『一個中國』是指歷史上、地理上、文化上、血緣上的中國」；「就政治現實而言，中國目前暫時分裂為兩個地區，分別存在著中華民國政府與中共政權兩個本質上完全對等的政治實體」。

　　為了進一步闡述中國共產黨和中國政府在新形勢下解決臺灣問題的立場、方針、政策，推動兩岸關係發展，促進祖國和平統一進程，1995年1月30日，中共中央總書記、國家主席江澤民在海內外中國人共度春節前夕，發表了具有歷史意義的《為促進祖國統一大業的完成而繼續奮鬥》的重要講話，江澤民主席在講話中提出了推進祖國和平統一的八項主張和看法。江澤民主席的八項主張結合了

90年代初兩岸關係發展的新特點，繼續貫徹鄧小平同志「和平統一、一國兩制」的方針政策，重申「在一個中國的前提下，什麼問題都可以談」，充分反映了中國政府在解決臺灣問題的實踐中實事求是、與時俱進的務實態度。

江澤民主席在重申堅持一個中國原則立場的基礎上，提出了一系列發展兩岸關係的新建議。具體內容包括八個方面的主張：「（一）堅持一個中國的原則，是實現和平統一的基礎和前提。（二）對於臺灣同外國發展民間性經濟文化關係，我們不持異議。（三）進行海峽兩岸和平統一談判，是我們一貫主張。（四）努力實現和平統一，中國人不打中國人。（五）面向21世紀世界經濟的發展，要大力發展兩岸經濟交流與合作，以利於兩岸經濟共同繁榮，造福整個中華民族。（六）中華各族兒女共同創造的5千年燦爛文化，始終是維繫全體中國人的精神紐帶，也是實現和平統一的一個重要基礎。（七）2100萬臺灣同胞，不論是臺灣省籍還是其他省籍，都是中國人，都是骨肉同胞、手足兄弟。（八）我們歡迎臺灣的領導人以適當身份前來訪問；我們也願意接受臺灣方面的邀請，前往臺灣。」江澤民主席關於促進祖國統一的八項主張，是90年代中期以來指導兩岸關係發展的綱領性檔，具有很強的現實性和針對性，對於維護兩岸關係的基本格局和發展趨勢發揮了重要的作用。

（六）李登輝訪美與兩岸兩會談判的中止

隨著權力的鞏固，李登輝分裂主義意識日益暴露。1994年3月31日發生「千島湖事件」，24位臺灣遊客、6名大陸船員及2名大陸導遊乘坐「海瑞號」遊船在千島湖觀光時，被歹徒登船搶劫並縱火燒死。台灣部分政治勢力利用偶發的刑事案件掀起「反共」高潮。臺灣指責大陸「漠視人權、草菅人命」。李登輝攻擊大陸官方就如

「土匪」一樣。臺灣的「陸委會」決定「暫停兩岸文教交流」；宣佈「抵制赴大陸旅遊活動，並促請業者全面停止出團」，使兩岸關係受到極大的損害。

　　1994年4月24日，日本《朝日新聞》發表了司馬遼太郎與李登輝的對談錄，即《孤島的痛苦——生為臺灣人的悲哀》一文，否定臺灣自古就是中國領土，否定臺灣是中國的一部分，否定「一個中國」原則，暴露了李登輝主張分裂的真面目。1995年4月8日，李登輝在「國統會」上發表六點講話，作為對於江澤民主席「八項看法和主張」的回應。李登輝雖然也提出了「以中華文化為基礎，加強兩岸交流」；「增進兩岸經貿往來，發展互利互補關係」等較為正面的看法，但是他首先強調「在兩岸分治的現實上追求中國統一」；其次提出「兩岸平等參與國際組織，雙方領導人藉此自然見面」等建議。李登輝將兩岸關係的現狀定位為「臺灣與大陸分別由兩個互不隸屬的政治實體治理，形成了海峽兩岸分裂分治的局面」，並在此基礎上要求「兩岸平等參與國際組織」，這顯然是大陸難以接受的。

　　1995年5月22日，美國政府不顧中國政府和中國人民的反對，宣佈允許李登輝到美國進行所謂「私人訪問」，遭到中國政府的強烈抗議。5月23日，中國外交部發表聲明，指出：「這是美國政府違反三個聯合公報根本原則，損害中國主權和破壞中國和平統一大業，明目張膽地製造『兩個中國』、『一中一臺』的極為嚴重的行為。」並且表示：「為了維護國家的主權，實現祖國的統一，中國政府和中國人民準備面對任何挑戰！」1995年6月7日至6月12日，李登輝以康奈爾大學校友的名義到美國進行所謂「私人訪問」，美國東部時間6月9日下午在康奈爾大學發表了《民之所欲，長在我心》的演講，大肆鼓吹「中華民國在臺灣」、「在臺灣的中華民國」，宣稱要讓美國及全世界知道「中華民國屹立不搖」。李登輝的言行遭到中國政府和海內外中國人的強烈譴責，從1995年6月開

始,海內外中國人開展了一系列「反臺獨、反分裂」的政治鬥爭。

首先,從輿論上對李登輝的分裂主義言行進行了深刻的揭露和批判。1995年7月24日至27日,人民日報評論員、新華社評論員連續發表了四篇評論,對李登輝在康奈爾大學的演講的分裂主義本質進行了強烈的批判與譴責;8月3日、5日、7日、9日,新華社評論員先後發表了四篇評論,深入地揭露和批判了李登輝分裂祖國、製造「兩個中國」和「一中一臺」的「臺獨」言行。

其次,中國人民解放軍進行了聲勢浩大的「反臺獨、反分裂」的軍事鬥爭,用實際行動旗幟鮮明地重申了中國政府和中國人民堅決維護國家主權和領土完整的信心和決心。1995年7月21日至26日,中國人民解放軍在臺灣東北外海舉行導彈發射訓練;8月15日和25日,中國人民解放軍在東海海域舉行了實彈演習;11月下旬,中國人民解放軍南京軍區陸海空軍部隊在福建東山沿海舉行了三軍聯合作戰演習。1996年3月,中國人民解放軍在臺灣海峽及其附近海域先後舉行了三波軍事演習,強烈地震撼了臺灣社會,打擊了分裂主義的囂張氣焰。

這場轟轟烈烈的「反臺獨、反分裂」鬥爭嚴正警告了台灣「臺獨」、分裂勢力:「臺獨、分裂」沒有出路。這場鬥爭使廣大臺灣民眾認識到「臺獨」的現實危害性,使國際社會看清了「臺獨」的危險性。由於李登輝訪美,惡化了兩岸關係的氣氛,致使原計劃推動的第二次辜汪會談被迫擱置,兩岸兩會的工作性會談和負責人會談也被迫中止。

(七)辜汪會晤

1995年1月,江澤民主席在「為促進祖國統一大業的完成而繼續奮鬥」的重要講話中建議舉行政治談判,並且表示「要促進兩岸

事務性商談」。4月份，李登輝在六點講話中也肯定「辜汪會談及兩岸事務性商談標誌著兩岸關係走入協商的時代」。兩岸人民要求進一步發展兩岸關係的呼聲高漲，為此海協會建議「早日舉行第二次辜汪會晤，進行政策性對話，並形成制度」。經過兩岸兩會協商，雙方初定1995年7月中下旬在北京舉行第二次辜汪會談，並且商定進行三次預備性磋商。1995年5月27-28日，兩岸兩會在臺北舉行了第一次預備性磋商，確定了第二次辜汪會談的具體時間、地點、參加人員、議題、會談成果發佈形式等程式事宜，並且達成了6點共識。然而，由於1995年6月份李登輝訪美並且鼓吹「中華民國在臺灣」，毒化了兩岸政治氣氛，破壞了兩岸關係發展，致使辜汪會談和兩會商談被迫中止。1995年6月16日，海協會給海基會去函，指出：「鑒於臺灣方面近期採取的一系列破壞兩岸關係的行動，舉行第二次辜汪會談及其預備性磋商的氣氛已受到嚴重影響。舉行會談及其預備性磋商的時間不得不予以推遲，我會將於適當時機與貴會再行聯繫。」

　　由於李登輝背離了「一個中國原則」，破壞了兩岸關係的政治基礎，一方面，中國政府和中國人民掀起了轟轟烈烈的「反臺獨、反分裂」鬥爭；另一方面，中國政府繼續推動兩岸政治對話與談判，要求臺灣停止製造「兩個中國」、「一中一臺」的活動，回到一個中國原則的立場上來。「當務之急是舉行『在一個中國原則下正式結束兩岸敵對狀態』這樣的政治性談判，以此帶動其他方面的談判。」1997年11月海基會致函海協會，建議由辜振甫率團訪問大陸。1998年2月24日，海協會致函海基會表示「我會一貫主張應進行兩岸政治談判，以為真正改善和發展兩岸關係創造條件。」「我們歡迎辜振甫先生在適當時候來訪。」1998年9月14日，海協會再次致函海基會，建議「兩會儘早進行政治對話，為兩岸政治談判的程式性商談預作準備。」9月22日至24日，兩岸兩會負責人在北京確定了辜振甫訪問大陸的具體細節。

1998年10月14日至19日，辜振甫率領海基會參訪團在上海、北京進行了為期6天的訪問。在上海，辜汪進行了第二次會晤，雙方達成了四點共識：「一、兩會決定進行包括政治、經濟等各方面內容的對話，由兩會負責人具體協商作出安排。二、進一步加強兩會間多層次的交流與互訪。三、對涉及兩岸同胞生命財產安全的事件，兩會加強個案協助。四、汪道涵會長對辜振甫先生邀請他訪問臺灣表示感謝，並表示願意在適當的時候訪問臺灣，加深瞭解。」在北京，中共中央總書記江澤民會見了辜振甫夫婦，中共中央政治局委員錢其琛、中共中央臺辦主任陳雲林會見了辜振甫一行。辜汪會晤針對一個中國原則、兩岸政治談判及其程式性商談、事務性協商等議題展開了廣泛的政治對話，拉開了兩岸政治對話的序幕，緩和了兩岸緊張對立的政治關係。

　　此後，兩岸兩會就海協會長汪道涵訪臺、兩會對話事宜多次交換意見，1999年3月18日，兩會副秘書長在臺北確定汪道涵會長當年秋天訪臺；6月28日，兩會副秘書長在北京原則確定了汪道涵訪臺的行程路線、停留時間及對話安排。然而，正當兩岸兩會在積極準備汪道涵會長訪問臺灣的行程之時，1999年7月9日李登輝拋出了兩岸關係是「國與國的關係」的政治定位，7月10日，海基會董事長辜振甫也表示，兩岸本來就是「兩個獨立的政治實體」，兩岸會談就是「國與國會談」。7月12日，汪道涵會長在接受記者訪問時鄭重希望辜振甫先生予以澄清。7月30日，海基會致函海協會並附「辜董事長談話稿」，為李登輝的「兩國論」辯解，甚至吹捧其「充分反映了臺灣人民的心聲」。當天下午，海協會負責人表示「海協不予接收，已正式退回」。由於臺灣不接受一個中國原則，否認1992年兩會關於「海峽兩岸均堅持一個中國原則」的共識，不願公開收回「兩國論」，致使兩岸兩會的聯繫、交流、商談再次中斷，辜汪會談成為歷史絕唱。

（八）小結：兩岸互動中的政治分歧

　　從20世紀80年代末開始，兩岸關係走上了實質性緩和的發展階段。兩岸民間交流日益頻繁，兩岸人員往來不斷增加，兩岸經貿關係越來越密切，然而，在熱絡的民間交流背後，始終潛藏著兩岸政治分歧的陰影。兩岸兩會的事務性協商，從一開始就面對兩岸政治分歧的衝突，其核心的原因是，臺灣始終要求在兩岸政治互動的過程中，進而在國際社會，確認其作為「主權獨立國家」的政治地位。由於臺灣長期維持著「國家體制」，既有「中央政府」、「憲法」和軍隊，也有部分國家給予它「外交承認」，臺灣不僅不可能自我否定，而且進一步要求大陸承認「中華民國在臺灣」及其在國際上的政治地位。因為兩岸難以達成政治上的一致，使得90年代初期兩岸兩會的談判和協定簽署困難重重。即使1993年4月，辜汪在新加坡實現了歷史性的會談，臺灣依然從自身的立場進行解讀，李登輝就曾經表示：「本人認為這次會談是成功的，而且由簽署檔的方式，禮儀的安排，都顯示了我們和中共的對等地位已是不容否認的事實。」

　　在兩岸兩會協商的過程中，政治分歧往往成為達成協議的最大障礙。這迫使臺灣不得不面對和研究相關的應對策略。在90年代初，臺灣透過「國統綱領」和「國統會」對於「一個中國涵義」的解釋，試圖為兩岸政治分歧尋找雙方接受的政治框架。但是臺灣也明確要求大陸在統一之前，承認「中華民國在臺灣」的事實，並且不阻礙臺灣「擴展國際空間」的行為。這是大陸難以接受的。而臺灣深感在「一個中國原則」框架內的兩岸互動對其不利，因為國際社會已經普遍認知「一個中國」就是「中華人民共和國」，於是逐漸背離「一個中國」的兩岸關係框架。90年代中後期，大陸方面體會到兩岸事務性談判的障礙和癥結在於政治分歧，希望透過推動政治商談優先解決政治分歧。「既然兩岸之間的分歧根本上是政治分

歧，既然事務性問題討論的實踐也已證明爭執的焦點是政治問題，那麼，兩岸就有必要進行政治商談。如果兩岸開始進行政治談判，就會對恢復兩會商談、對推動解決兩岸間的事務性問題產生積極影響。」然而，事與願違，李登輝透過策劃與拋出「兩國論」，再一次使兩岸兩會商談擱淺。

兩岸政治分歧是國共內戰歷史遺留下來的政治難題，要破解這些政治難題並不容易。隨著臺灣社會政治的轉型，「臺獨、分裂」思潮的氾濫，「臺獨、分裂」勢力的擴張，政黨政治的制約，社會多元化的發展，兩岸政治分歧的解決面臨更加複雜的台灣政治環境，也使得兩岸統一的歷史使命變得更加艱巨。

三、李登輝分裂主義路線在兩岸關係政治定位中的表現

第一節　李登輝時期臺灣對於兩岸關係政治定位的演變

　　大陸政策是反映臺灣政治路線的核心內容，兩岸關係的政治定位是臺灣大陸政策的基礎。李登輝上臺後，大陸政策進行了大幅度的調整，一方面，逐漸放棄了蔣經國堅持的「不接觸、不妥協、不談判」的三不政策，另一方面，尋求兩岸「分裂分治」的合法化。尤其是，在李登輝當政的後期，分裂主義路線在大陸政策中的表現更加明顯，政治上尋求「中華民國在臺灣」的定位；經濟上拋出「戒急用忍」的限制性措施；文化上出現了「去中國化」的傾向。1999年7月，「兩國論」的拋出是李登輝時期大陸政策的總結，也標誌著李登輝分裂主義路線在大陸政策中的全面暴露。臺灣的兩岸政治定位從蔣氏父子時期至李登輝時期，總體上經歷了三個階段。

　　第一階段，從1949年開始至1991年臺灣結束「動員戡亂時期」止。蔣氏父子當政時期，臺灣堅持海峽兩岸同屬一個國家的政治定位，堅持一個中國原則，堅守「中華民國法統」，主張「反共復國」的大陸政策。臺灣在國際上堅持「漢賊不兩立」的政策，把中共視為「竊據大陸」的「叛亂團體」。20世紀80年代以前，海峽兩岸雖然在軍事上相互對抗，政治上相互對立，但是海峽兩岸對於「都是中國人、同屬一個中國、最終必將統一」的信念是相同的。1986年7月29日，蔣經國在國民黨「十二屆三中全會」的開幕式上發表了題為《中國之統一與世界和平》的講話，明確表示：「中國

只有一個,中國必將統一。」1988年1月蔣經國去世,李登輝繼位。由於權力基礎不穩,必須爭取國民黨傳統政治力量的支持,因此,李登輝表態延續蔣經國追求國家統一的政治路線。在80年代末和90年代初,由於國民黨內非主流派對李登輝的政治立場疑慮重重,李登輝在黨內壓力下也曾經積極表態堅持「一個中國」,謀求國家統一,但是這段時期並不長,隨著權力地位的穩固,李登輝開始調整兩岸關係的政治定位。

　　第二階段,從1991年臺灣結束「動員戡亂體制」至1999年7月李登輝拋出「兩國論」。1991年4月30日,李登輝宣布終止「動員戡亂時期」,廢止「動員戡亂時期臨時條款」,從5月1日零時起生效,臺灣結束了長達40多年的「動員戡亂體制」。臺灣放棄了「中華民國的法統」,不再把中共看作「叛亂團體」,承認中華人民共和國在大陸的合法統治權,不再堅持「中華民國統治全中國」。繼而在大陸政策上採取了有限的緩和政策,在國際上則大肆推行「務實外交」政策。其間雖然臺灣曾經拋出過「分裂分治」、「階段性兩個中國」、「一個分治的中國」、「中華民國在臺灣」等論調,但對兩岸關係的核心定位仍是「兩個對等的政治實體」。由於政治實體的概念既可以指國家,也可以指地方政府、政黨等等,使得臺灣對兩岸定位保持了一定的模糊性。這一時期李登輝有時還借助於「一個中國」的名詞來掩蓋推行「兩個中國」的政策,正如臺灣前「外交部長」錢復所指出的:「所謂分治事實上就是『兩個中國』,只是因為中共不能容忍,所以我們無法強調這點」。

　　第三階段,從1999年7月9日李登輝拋出「兩國論」開始,被認為是臺灣兩岸定位的重大變化,從「兩個對等的政治實體」走到「兩個國家」。李登輝等人認為「政治實體」的概念在主權的意義上非常模糊,而且中共的「一個中國」說法普遍被國際社會接受,因此以「兩個國家」的新定位對臺灣的地位「作更清楚的陳述」,「讓中華民國的法律地位在國際間得到更多的保障」,「可以讓國

際社會更清楚瞭解中華民國作為一個主權國家的地位」。因此，在臨下臺之際，李登輝拋出了「兩國論」作為兩岸關係的新定位，甚至準備進一步「修憲、修法」加以貫徹落實。雖然經過海內外中國人的譴責和鬥爭，臺灣被迫承諾「不修憲、不修法」，但是「兩國論」的拋出，給臺灣社會和兩岸關係都帶來了深刻的影響。

（一）李登輝繼位之初堅持「只有一個中國，我們必須要統一」

李登輝繼位之初，蔣經國培養的國民黨政治精英如俞國華、李煥、郝柏村、林洋港等人仍在臺灣政壇上占據要津，對李登輝的權力和地位造成牽制。為了穩固個人的權力基礎，李登輝表態堅持蔣經國主導的政治路線，一方面堅持「一個中國、中國必將統一」的主張，另一方面在具體的大陸政策上繼續採取逐步開放的措施。「作為第一位臺籍『總統』，李登輝在繼任之初，不僅繼承了蔣經國的權力地位，也繼承了蔣經國時期的內外政策，對於兩岸關係定位問題，則沿襲了蔣經國的『一個中國』主張。」1988年2月22日，李登輝在繼任後的第一次記者會中表示：「我們中華民國的國策，大家要瞭解，就是只有一個中國而沒有兩個中國的政策。只有一個中國，我們必須要統一。」1989年5月，李登輝在答日本「讀賣新聞」的書面訪問中，也表示：「我們一貫主張中國應該統一，並堅持『一個中國』的原則。」

李登輝在當政初期，多次重申「堅持一個中國原則」，對於「一個中國原則」也有比較明確的認識，認為「臺灣與大陸均是中國的領土」。1990年5月20日，李登輝在連任「總統」的就職演說中表示：「臺灣與大陸是中國不可分割的領土，所有中國人同為血脈相連的同胞。當此全人類都在祈求和平、謀求和解的時刻，所有中國人也應共謀以和平與民主的方式，達成國家統一的共同目

標。」1990年6月28日，李登輝在「國是會議」開幕致詞時表示：「中國統一則是所有中國人一致的願望。……中國必須統一，也必將統一」。1990年10月10日，李登輝發表的「雙十祝詞」中重申：「中國只有一個，應當統一，也必將統一。任何一個中國人都不能自外於統一的責任，也不應自外於統一的努力。」1991年2月23日，臺灣「國統會」透過了「國家統一綱領」，主張「大陸與臺灣均是中國的領土，促成國家的統一，乃是中國人共同的責任」。1991年10月，民進黨全代會透過「臺獨黨綱」，李登輝發表談話指出：「中國只有一個。我們一切的努力，無不是在一個中國的前提下，以整個民族的前途與發展為著眼。」事實證明，李登輝在繼位之初，不僅反覆強調「只有一個中國」，而且堅持「中國必須統一」。1993年2月，李登輝在接見民進黨「立委」時，宣稱自己「主張的是中華民國在臺灣，始終沒講過一個中國」，這完全是信口開河、罔顧事實的做法。

　　李登輝繼任初期的大陸政策迷惑了海內外的許多人，曾經使許多人相信他是一個具有民族意識、支持統一的愛國者。1990年前後，時任臺灣「行政院大陸工作會報執行秘書」的馬英九曾經這樣詮釋李登輝的大陸政策：「大陸政策的最終目標是在自由、民主、均富的原則下完成中國統一，因此，大陸政策的本質就是國家統一政策。」「大陸政策只是手段，國家統一才是目的。」當然，李登輝繼位不久，就已經開始推行所謂的「彈性外交」、「務實外交」，調整蔣氏父子時期「漢賊不兩立」的政策，企圖在國際社會達成「雙重承認」和「雙重代表權」的目標。1989年3月，李登輝出訪與臺灣沒有「邦交關係」的新加坡，新加坡稱其為「臺灣來的李總統」，李登輝表示「雖不滿意，但可以接受」。1989年5月，李登輝派遣「財政部長」郭婉容出席在北京舉辦的亞銀年會，郭婉容在李登輝的授意下在會議開幕奏中華人民共和國國歌、升中華人民共和國國旗的儀式中起立。李登輝也逐漸開放海外「臺獨」分子

與「臺獨」勢力返回臺灣，公開表示「不反對主張臺灣獨立的人」。李登輝還提出兩岸以「政府對政府的對等地位」進行談判的「一國兩府」模式進行試探。李登輝的這些做法也引起了外界的廣泛質疑，懷疑李登輝推行「兩個中國」政策，推行分裂主義的「獨臺」路線。這樣的質疑也構成了國民黨內非主流派反對李登輝的重要理由。雖然在90年代中期以前李登輝仍矢口否認外界的批評與質疑，但是90年代中期以後，李登輝的分裂主義言行不斷地證實當初對於李登輝的批評和質疑是正確的。

（二）李登輝時期「一個中國、兩個對等政治實體」的兩岸關係定位

從1987年11月臺灣開放民眾赴大陸探親開始，海峽兩岸的民間交流逐漸增多，兩岸交流所滋生的事務和纠紛也不斷增加。1990年，為了應對日益增長的兩岸民間關係，臺灣行政部門明確提出較為中性的「一國兩地區」的基本理念，即大陸地區與臺灣地區，作為處理兩岸人民間民事法律關係，解決兩岸法律衝突的法理定位。此後，臺灣「修憲」、制定「國統綱領」、制訂「兩岸人民關係條例」均依據「一國兩區」的定位作為兩岸關係定位的政治與法理基礎。1991年2月，臺灣在「國統綱領」中提出「在互惠中不否定對方為政治實體」的要求。1991年4月23日，李登輝在「修憲」結束後回答法國《國際政治》季刊書面訪問時表示：「此次憲政改革系基於『務實』的原則，也就是針對國家長期分裂的現實，在憲法上作適當的增修。承認國家分裂的現實，並不表示我們放棄統一的理想。」4月30日，李登輝召開記者會，宣告「動員戡亂時期」於1991年5月1日零時終止。李登輝在回答記者提問時表示：「在一個中國的原則下，海峽兩岸應在交流互惠中，不否定對方為政治實體，故我們今後將視中共為控制大陸地區的政治實體，我們稱它為

大陸當局或中共當局。」透過內部的政治轉型，臺灣結束了「動員戡亂體制」，從法律上「承認國家分裂的現實」，把「互不承認」的兩岸政治關係單方面調整為「互不否認」的兩岸政治定位，並且要求大陸在國際上承認臺灣的「對等政治實體」的地位。

臺灣透過制訂「國統綱領」和結束「動員戡亂時期」，逐漸形成了在李登輝時期占據主導地位的「一個中國、兩個對等政治實體」的兩岸關係定位。臺灣單方面調整兩岸關係政治定位，甚至為「彈性外交」、「務實外交」製造法理基礎的做法顯然無法得到大陸方面的接受。1991年6月7日，國臺辦負責人發表談話指出：「臺灣仍然強調『敵對意識』，這是很不合時宜的；他們還企圖謀求海峽兩岸互為對等的『政治實體』，幻想『和平轉變大陸』，這是根本行不通的。」

1.在兩岸談判中要求大陸承認兩岸「分裂分治」的現狀。

90年代初期，兩岸人員往來和經濟、文化交流不斷擴大，涉及兩岸交流的事務性問題日益增多。面對兩岸交流日益頻繁，兩岸事務不斷增加的壓力，臺灣不得不徹底放棄「不接觸、不談判、不妥協」的「三不」政策，在1990年陸續成立了「國家統一委員會」、「大陸事務委員會」、「財團法人海峽交流基金會」作為系統的大陸工作體系。1991年底，大陸也成立了「海峽兩岸關係協會」，作為受權從事兩岸事務性商談的民間機構。隨著兩岸兩會商談的展開，兩岸關係定位問題日益成為談判桌上的重要議題。

1992年3月，兩岸兩會展開「兩岸文書查證使用」以及「間接掛號查詢補償問題」等第一階段事務性協商的過程中，就是否在協議中列入「一個中國」原則的前提以及兩岸政治定位等發生爭議，為此，李登輝指示「國統會」研究「重新解釋一個中國的涵義」。1992年8月1日，「國統會」經過討論後，對於「一個中國」的涵義，作出了「一個中國，兩個政治實體，分裂事實」的結論。雖然

「國統會」的結論重申「海峽兩岸均堅持『一個中國』之原則，但雙方所賦予之涵義有所不同」；並且堅持了「臺灣固為中國之一部分，但大陸亦為中國之一部分」的立場。但是「國統會」的結論也更加突顯兩岸「分裂分治」的主張，認為：「民國38年（公元1949年）起，中國處於暫時分裂之狀態，由兩個政治實體，分治海峽兩岸，乃為客觀之事實，任何謀求統一之主張，不能忽視此一事實之存在。」在兩岸兩會的談判過程中，臺灣極力迴避「一個中國原則」，強調「分裂分治」，要求大陸承認臺灣的「對等政治實體」的地位，這使得兩岸兩會的事務性談判困難重重，一波三折。

1994年7月底，在兩會代表第五次後續事務性商談前，臺灣「陸委會」公佈了「一個中國」政策說帖，認為臺灣的「一個中國」政策，實為「承認分裂、推動交流、追求統一」的政策，臺灣在說帖中表示：「『一個中國』是海峽兩岸所共同追求原則，但雙方對其內涵的解釋卻有所不同。……我們認為，『一個中國』應指1912年成立迄今的中華民國，其主權及於整個中國領土，但自1949年以後未能在中國大陸行使統治權。臺灣固為中國之一部分，但大陸亦為中國之一部分，中國系處於暫時分裂之狀態，由兩個政治實體分治海峽兩岸。」12月15日，李登輝又強調：「所謂『一個中國』指的是未來統一後的中國，目前兩岸是處於分裂分治的局面。」1995年4月，李登輝回應江澤民主席《為促進祖國統一大業的完成繼續奮鬥》的重要講話，提出六條主張，其中表示：「在兩岸分治的現實上追求中國統一。」雖然臺灣多次重申堅持「一個中國」，表達「追求中國統一」的理念，但是始終強烈要求大陸承認海峽兩岸的「分裂分治」現狀，進而在國際上取得「平行代表權」、「雙重承認」，這使得兩岸之間的政治互信始終難以建立。

2.要求大陸接受「中華民國在臺灣」的事實。

1992年11月，兩岸兩會在協商過程中達成了各自以口頭方式表

述「海峽兩岸均堅持一個中國原則」的共識。但是，從1992年底開始，李登輝似乎意識到如果只講一個中國，對臺灣不利，「很容易讓人家誤會，因為在國際社會上，一個中國指的是中共的『中華人民共和國』。」李登輝開始否定自己講過「一個中國」，要求大陸承認「中華民國在臺灣」。1992年12月，李登輝在宴請「一級上將戰略顧問」談話中表示：「光簡單地講一個中國，就中了中共的圈套。」並且宣稱：「先總統蔣公從來不說一個中國，他只說中華民國，……這是很了不起的。」1993年1月4日，李登輝在二屆「國大」發表「國情報告」，提出：「我們認為，由於海峽兩岸對『一個中國』的含意認知不同，目前存有兩個對等的政治實體，暫處於分治狀態，才有所謂『統一』問題。任何無視此一現實的主張，均是不切實際的自欺之論。」1993年1月22日，李登輝發表除夕談話，要求「中共以務實的態度，承認中華民國在臺灣的歷史與事實」。2月6日，李登輝約見民進黨「立委」時宣稱自己「始終沒講過一個中國」。由於李登輝開始在「堅持一個中國原則」的立場上轉向，少數國民黨「立委」如楊吉雄等人也公開鼓吹「兩個中國」的主張。

　　1992年12月19日，臺灣舉行了第二屆「立委」選舉，結果在總共161席中，國民黨遭到重挫，只獲得96席；民進黨獲得50席，這是民進黨建黨以來前所未有的勝利。1993年2月初，反對「臺獨」立場堅定的國民黨非主流派郝柏村率「內閣」總辭，李登輝任命連戰擔任「行政院長」。李登輝進一步鞏固個人權力，全面掌控內外政策，非主流派對李登輝的牽制力量大幅減弱。李登輝更加有恃無恐地推行分裂主義的內外政策，在兩岸政治定位中有意識地強調兩岸「分裂分治」的現狀，試圖在兩岸關係發展中迫使大陸接受「中華民國在臺灣」的事實，進而圖謀得到國際社會的承認，致使兩岸關係中固有的政治分歧不僅未能化解，反而日益成為影響兩岸關係發展的重要因素。1993年3月，李登輝在接受美國有線電視網

（CNN）的專訪時表示：「今天，中國不幸處於分裂狀態，在中國大陸和臺灣各存在一個政治實體，分別在中國的土地上行使有效的管轄權。我們希望透過交流的活動，使大陸當局，務實地認識、尊重中華民國在臺灣的歷史與現實。」4月8日，李登輝在會見民進黨「國代」時雖然重申「臺灣人是中國人，更是中華民族的一分子」，但是強調「最重要的一點，是中華民國在臺灣存在與發展，是一項不爭的事實」。

1993年5月以後，臺灣鼓吹以「一國兩席」方式「重返聯合國」，企圖在國際上造成「兩個中國」的分裂事實。8月6日，臺灣策動中美洲7國向聯合國秘書長提案，要求聯合國設立「特別委員會」研究「臺灣重返聯合國」問題。9月22日，該案在聯大總務委員會遭到否決。臺灣第一次「重返聯合國」的嘗試失敗後，李登輝宣稱：「目前中國的分裂是一項事實，中華民國在臺灣是一個政治實體，這更是一項不容否認的事實。」時任臺灣「外交部長」的錢復也表示：「我們不能再談一個中國，再談一個中國會把自己箍住。」錢復的說法遭到新黨「立委」郁慕明、國民黨「立委」魏鏞等人的質疑，認為臺灣放棄「一個中國」的政策，國民黨當權派的「臺獨」傾向越來越明顯。其實錢復只是忠實傳遞了李登輝的意見。1993年10月1日，李登輝針對「一個中國」的爭議發表意見，認為：「一個中國是我們追求的目標，但這是將來的，眼前我們必須瞭解、世人也必須承認，中國是處於分裂的，這是不容否認的事實，中華民國目前統轄臺、澎、金、馬，擁有絕對而完整的主權與治權」，「這就是為什麼我說：中華民國在臺灣的原因」。至此，李登輝開始出現了將「一個中國」劃分為過去、現在和未來三個階段的定義，認為「一個中國是未來的目標」，現階段是「分裂分治」。

3.以「階段性兩個中國政策」進行分裂主義的試探。

1993年11月21日，在美國西雅圖舉辦的亞太經濟合作會議閉幕後的記者會中，時任「經濟部長」的江丙坤在李登輝的授意下，代表臺灣提出了「階段性兩個中國政策」。江丙坤在記者會中表示：「在統一條件未成熟前，政府將以務實態度，採取所謂以一個中國為指向的階段性兩個中國政策。」「我們在一個中國的原則下，主張分裂主權的兩個國家並存，是以一個中國為指向的兩個中國政策，臺灣與中華人民共和國是兩個主權互不隸屬的國家。」「中華民國及中華人民共和國實為歷史、地理或文化含義的一個『中國』下，互不隸屬的兩個主權國家，乃不容任何人否認或能夠忽視的事實。」至此，李登輝主導下的臺灣打著「一個中國」的幌子，推行「兩個中國」和「一中一臺」政策的企圖公開暴露。江丙坤代表臺灣拋出的「階段性兩個中國」的政策宣示反映了臺灣在一個中國原則上日益動搖和不斷退縮的趨勢，流露出臺灣當權者李登輝在統獨立場上日益滑向「獨臺」與「臺獨」的分裂主義心態，引起了海內外中國人的高度警惕。1993年11月24日，原臺灣「退輔會主委」許歷農宣布退出國民黨，加入新黨。許歷農抨擊國民黨「掛羊頭賣狗肉」，已與主張「臺獨」的民進黨合流。

　　4.「生為臺灣人的悲哀」披露了李登輝的「臺獨」心跡。

　　一方面，由於臺灣鼓吹兩岸「分裂分治」得不到大陸的贊同，在「務實外交」的道路上不斷受挫；另一方面，李登輝透過國民黨「十四大」進一步鞏固了個人權力，非主流派對李登輝的牽制力量日益削弱。1994年以後，李登輝開始在分裂主義路線上越走越遠。1994年3月底，發生了千島湖事件，島內「臺獨、分裂」勢力藉機炒作，掀起了「反中反共」的狂潮。4月9日，李登輝藉機肆意攻擊、惡語中傷中國大陸，挑撥兩岸人民的感情，他公開發表談話，把「中共」比作「土匪」。他公然表示：「一大堆的惡勢力，建立了一個黨，土匪一樣的，在大陸害了我們那麼多同胞，這個叫做政府？這種政府，老百姓應該老早就不要它好了，……主權在人民，

這一點我們不要放棄。」李登輝的惡意攻擊使原本並不牢固的兩岸政治互信雪上加霜,「主權在民」則成為李登輝進一步否定臺灣隸屬於中國主權的藉口。4月18日,李登輝對民進黨「國代」表示:「大家必須瞭解,主權在民的意義,中共對臺灣不但未徵收過一毛錢稅捐,更是絲毫沒有任何的貢獻,談不上對臺灣的主權。」

1994年4月,日本《朝日週刊》發表李登輝與日本作家司馬遼太郎的對談錄「孤島的痛苦——生為臺灣人的悲哀」一文,此後在臺灣媒體轉載,引起海內外輿論的極大震動。該對話被認為是李登輝長期掩藏的分裂主義思想的大披露,李登輝身為中國人卻質疑「『中國』這個詞也是含糊不清的」;身為國民黨主席卻認為國民黨是「外來政權」;他還以《出埃及記》的摩西自況,要建立臺灣人自己的國家,「基本的想法是必須是臺灣人的東西」;他以「22歲以前是一個日本人」自居,卻認為臺灣「不教臺灣的事而盡記些大陸的事,那是荒唐的教育」;他甚至指責「中國共產黨把臺灣省歸為中華人民共和國的一個省份。這是奇怪的夢哩!」

5.鼓吹「主權在民」到「生命共同體」的發展目標。

李登輝在國民黨內與非主流派之間展開權力角逐,透過高揚「臺灣意識」使得非主流派日益在臺灣政壇和臺灣社會邊緣化。但是李登輝在利用「臺灣意識」進行權力鬥爭的同時,也加劇了外省族群的危機感,加深了海內外中國人對李登輝分裂主義路線的質疑。在李登輝的分裂主義心跡不斷暴露之後,臺灣社會省籍意識和國家認同的相互對立更加嚴峻。為了強化臺灣人的所謂「國家意識」,李登輝一邊鼓吹「主權在民」,一邊又端出了「生命共同體」的概念,認為:「『主權在民』與『生命共同體』具有互為目的、交互發展的關係。而『主權在民』是推動民主化的根據,凝聚『生命共同體』則是我們推動民主化的目標。」「我們由『主權在民』到『生命共同體』力量的發揮,最重要的就是不要分省籍、地

域、黨派，認清我們都是同在一條船上」。1998年底，李登輝為馬英九參選臺北市長助選的過程中提出「新臺灣人主義」，作為所謂「生命共同體的身份認同」。他強調，「新臺灣人主義」是「一項不分時間先後和土地區分的概念」，「『新臺灣人主義』可以當成國家認定和共識的開始。」透過鼓吹「生命共同體」和「新臺灣人主義」，李登輝試圖緩和外省籍民眾對他的疑慮，從心理上確立本省籍與外省籍民眾對於「中華民國在臺灣」的「主權獨立國家地位」的認同。

然而，李登輝慣於玩弄兩手策略的本質沒有改變，有時他以「國家統一」來自我粉飾，有時他又強調「絕不承認一個中國政策」，在統派和「獨派」面前陽奉陰違，耍弄政治變臉的把戲。一方面，由於鼓吹「分裂」的荒謬言論遭到海內外中國人的嚴厲譴責，為了緩和島內外輿論的壓力，李登輝不得不重申「追求統一」和「反對臺獨」的立場。1994年7月1日，李登輝在會見美國華人百人會代表的過程中特別重申：「國家統一是政府不變的目標與堅定的立場，但目前統一的時機並不成熟，而大家也要瞭解，中國目前是屬於分裂、分治的局勢，這是一個不容否認的事實。因此，在這種狀況下，中共應正視中華民國在臺灣存在的事實，中華民國在臺灣是不折不扣的政治實體，中共不應排擠、打壓中華民國在國際社會活動的空間。」面對具有「反臺獨」傳統的臺軍，李登輝高唱「反臺獨」的主張。10月20日，李登輝在臺軍「漢光11號」演習檢討會上發表談話，宣稱：「我們堅持『反臺獨』立場，也就是堅持『統一中國』的目標。……臺灣與大陸深厚的血緣、地緣、文化關係，是任何人所不能否定的。因此，對中國的未來，我們決不置身事外；對中國的統一，我們更是責無旁貸。任何逃避此一時代使命者，都將是自絕於歷史文化的罪人。」他還表示：「『臺灣獨立』是一種自我孤立的主張，是不切實際的；而追求國家統一的目標，不僅符合在臺澎金馬2100萬人的利益，也符合所有海內外中國人的

長遠利益。」

另一方面,在「獨派」政治力量面前依然強調「絕不承認一個中國」的政策。1994年8月9日,李登輝會見「獨派」的「世臺會」代表,迅速換了一副嘴臉表示:「在國家未統一之前,沒有『一個中國』;因為中國現在是處於分裂、分治的狀態。」

6.「臺海兩岸關係說明書」:要求大陸承認兩岸「在國際間為並存之兩個國際法人的事實」。

1994年7月4日至5日,臺灣「行政院」在臺北國際會議中心舉辦「1994年大陸工作會議」,5日公佈了「臺海兩岸關係說明書」。「臺海兩岸關係說明書」是針對1993年8月中國政府發表的《臺灣問題與中國的統一》白皮書所作的回應,也是為「參與聯合國」所作的國際性宣傳。臺灣雖然在說明書中仍重申「國統綱領」提出的「一個中國、兩個對等政治實體」作為兩岸關係定位的架構,並且認為「傳統觀念的中國現已分裂成兩個政治實體,即實行社會主義制度的大陸地區,以及實行民主自由體制的臺灣地區」,而「所謂『政治實體』一詞其含義相當廣泛,可以指一個國家、一個政府或一個政治組織。」但是,由於臺灣在說明書中明確表示「不接受『一國兩制』的主張」,強調「兩者既處於分治局面,理應各自有平行參與國際社會的權利」,「雙方應充分體認各自享有統治權,以及在國際間為並存之兩個國際法人的事實」。這使得海內外的輿論極度懷疑臺灣追求國家統一的誠意,大陸學者就指出:「臺當局拋出的『臺海兩岸關係說明書』,是地地道道的假統一,真分裂。」

7.提出「一個分治的中國」取代「一個中國」。

1995年6月,李登輝不顧中國政府的反對,到美國訪問,並且肆意鼓吹「中華民國在臺灣」,破壞了兩岸兩會商談的政治氣氛。1995年6月16日,海協會去函海基會,被迫中止兩岸兩會的商談。

此後海協會負責人多次重申，希望臺灣方面真正回到「一個中國」的立場上來，不要在國際上搞「兩個中國」、「一中一臺」。同時，大陸方面提出，由於兩岸之間的分歧根本上是政治分歧，事務性問題討論的焦點也是政治問題，因此，兩岸有必要進行政治商談。

然而，臺灣雖然表面上希望緩和兩岸關係，盡快恢復兩岸兩會協商，卻不願接受兩岸兩會的談判以「一個中國」為前提，更不願意觸及政治問題，要求在不預設前提的條件下恢復兩會協商。海基會董事長辜振甫多次公開表示：「『一個中國』應當作為兩岸會談的議題，而不是前提。」

在大陸推動兩岸政治商談的壓力下，臺灣試圖對「一個中國」進行重新定義。1996年5月17日，李登輝在接受美國有線電視新聞網（CNN）記者專訪時表示：「中國是一個分裂、分治的國家。」「如有『一個中國』，我們認為是統一以後才有一個中國。沒有統一，這裡就沒有這種所謂的『一個中國』。」1996年12月5日，臺灣「行政院長」蕭萬長首先提出「一個分治的中國」的說法。1997年2月22日，臺灣「行政院新聞局」發佈「透視『一個中國』問題說帖」，認為：「『一個中國』的說法已經暗示，中國目前並未統一。中國如果已經統一，根本就不會有『一個中國』的問題」；「說『一個中國』，正是因為中國現在不是一個」；「與其去說『一個中國』，不如說『一個分治的中國』」。1998年7月17日，李登輝在「國統會」研究委員會議上發表講話，表示：「未來中國只有一個，但現在是『一個分治』的中國。」

臺灣雖然口口聲聲說「在不預設前提的條件下恢復兩會協商」，但卻要求大陸承認「兩岸分裂分治」現狀，承認所謂「中華民國在臺灣」的事實。李登輝公開表示：「只要中共承認中華民國的存在，並且認同自由民主均富的社會，兩岸馬上可以談判。」他

還狂妄地以閩南話叫囂：「不要怕啦，中共有多大？再大也沒有阮老爸（爸爸）大，大有什麼用？頭腦空空啦！」由於李登輝主政期間，耍弄兩面手法，兩岸政治互信始終未能建立，兩岸兩會的接觸、對話和協商也在時斷時續、波折起伏、相互鬥爭的過程中發展。

第二節　李登輝拋出「兩國論」的背景及其影響

1999年7月9日，李登輝接受德國的一家廣播公司——「德國之聲」專訪，提出「兩國論」。李登輝公然表示：「1991年修憲以來，已將兩岸關係定位在國家與國家，至少是特殊的國與國的關係，而非一合法政府，一叛亂團體，或一中央政府，一地方政府的『一個中國』的內部關係」。同一天，李登輝在會見世界歸正教會聯盟代表時也表示：「中華民國在臺灣與中華人民共和國是兩個對等的國家，中共從來無法有效統治臺灣，因此中共所謂的『一個中國』並不包括臺灣。」李登輝以「兩國論」來重新定位兩岸關係，否定一個中國原則，破壞了兩岸關係的政治基礎，在分裂中國的道路上走出了危險的一大步，遭到海內外中國人的強烈反對與譴責。

（一）「兩國論」的實質：否定「一個中國原則」

一個中國原則是兩岸關係定位的政治與法律基礎，堅持一個中國原則，兩岸關係就能得到穩定與順利的發展；偏離、拋棄和否定一個中國原則，兩岸關係的正常發展就會受到阻礙。李登輝在臨近下臺之際拋出「兩國論」或「特殊的國與國關係論」，是李登輝長

期以來在島內推行分裂主義路線的產物,其實質是妄圖把臺灣從中國分割出去,其要害是否定一個中國原則。時任臺灣「總統府副秘書長」的林碧炤證實:「兩岸定位已有重大變化,從『兩個對等的政治實體』走到『兩個國家』」。他還進一步對李登輝的「兩國論」作了四點說明,其中表示:「我國自1991年終止動員戡亂時期,進行修憲,使中華民國憲法有效範圍僅及於臺澎金馬,這是個法律事實的陳述。」

長期以來,一個中國是海峽兩岸中國人的共同主張,1992年海協會和海基會就「堅持一個中國原則」達成了共識,成為維繫兩岸和平與合作的政治與法律基礎。只有牢牢地堅持一個中國原則,才能確保兩岸關係的順利發展,才能確保祖國統一的最終實現。一個中國原則也是從新中國第一代領導人開始所確立和堅持的發展兩岸關係、促進祖國統一的基本原則。早在1958年10月,毛澤東主席就向臺灣公開指出:「世界上只有一個中國,沒有兩個中國。這一點,也是你們同意的,見之於你們領導人的文告。」鄧小平同志也提出,只有一個中國,臺灣是中國的一部分。在促進祖國統一的八項主張中,江澤民同志提出,堅持一個中國原則,是實現和平統一的基礎和前提。一個中國原則是中國政府對臺政策的核心,也是國際社會普遍接受的準則。堅持一個中國原則是反對「臺獨」、反對分裂、反對「一中一臺」、反對「兩個中國」等分裂主義路線的基本要求。

一個中國原則既是兩岸和平統一的基礎,也是兩岸政治談判的前提。1999年7月10日,海基會董事長辜振甫在接受記者訪問時表示:「政治實體就是國家,兩岸會商就是國與國的對談。」這完全是要打破兩岸兩會談判的政治基礎,把1992年兩岸兩會達成的各自以口頭方式表述「海峽兩岸均堅持一個中國原則」的共識全面推翻。7月12日,時任「陸委會主委」的蘇起表示:「我們要打破一個中國的迷思,我們不會再用政治實體字眼,我們要清楚的、對等

的兩岸關係定位,讓世界看清兩岸的現實。」

李登輝提出「兩國論」後立即遭到大陸輿論的堅決反對和批判。7月11日,中共中央臺辦、國務院臺辦發言人就李登輝分裂言論發表談話,指出:李登輝公然將兩岸關係歪曲為「國與國的關係」,再一次暴露了他一貫蓄意分裂中國的領土和主權、妄圖把臺灣從中國分割出去的政治本質,與「臺獨」分裂勢力的主張沆瀣一氣,在分裂祖國的道路上越走越遠。並且嚴正警告臺灣分裂勢力,立即懸崖勒馬,放棄玩火行動,停止一切分裂活動。

7月12日,海協會汪道涵會長接受新華社記者採訪,針對臺灣、特別是辜振甫的談話,明確表示,這使海協會與海基會的接觸、交流、對話的基礎不復存在,要求辜振甫予以澄清。此後,外交部、新華社、《人民日報》、《解放軍報》都紛紛批判李登輝的分裂言論,揭露李登輝上臺以來的分裂活動和分裂本質。

7月15日,中共中央臺辦、國務院臺辦陳雲林主任在中國和平統一促進會第六屆理事大會上,強烈抨擊李登輝把兩岸關係定位為「國與國的關係」。他指出,李登輝的所謂「兩國論」實際上已使兩岸溝通、交流、對話和談判的基礎不復存在。這就從根本上違背了臺灣同胞求和平、求安定、求發展的願望。這種倒行逆施的做法不得人心。7月18日晚,國家主席江澤民同美國總統柯林頓通了電話。柯林頓重申了美國政府對一個中國政策的堅定承諾。江澤民指出:最近,李登輝公然將兩岸關係說成是「國與國關係」,這是他在分裂國家的道路上走出的十分危險的一步,是對國際社會公認的一個中國原則的嚴重挑釁,進一步暴露了他蓄意分裂中國領土和主權,企圖把臺灣從中國分裂出去的本質。

「兩國論」的提出表明李登輝主政下的臺灣徹底拋棄了原有的兩岸政治定位中的模糊空間,完全否定了臺灣「憲法」和法律體系中仍舊存有的「一個中國」的政治架構。臺灣學者邵宗海認為:

「他的『兩個中國』論點,實際上已將國統綱領、1992年國統會的『一個中國意涵』、1994年的『海峽兩岸關係說明書』以及1997年新聞局『一個分治的中國』說帖等等大陸政策重要政策依據全數推翻。」甚至還涉及進一步「修憲」和修法的必要。李登輝「兩國論」的提出標誌著臺灣在兩岸關係政治定位上發生了實質性的變化,嚴重危害了兩岸關係的穩定,也給李登輝當政時期的政治路線打上了無法消除的分裂主義政治烙印。李登輝本人也因為提出「兩國論」而被釘在了分裂國家、危害民族的歷史恥辱柱上,留下了千古罵名。

(二)「兩國論」出爐的背景

「兩國論」是李登輝執政時期分裂主義路線的總結。20世紀90年代末期,隨著港澳回歸祖國懷抱,「一國兩制」在國內和國際的社會影響日益擴大;1998年10月辜汪二度會晤,兩岸政治談判擺上了議事日程,這些都對臺灣形成政治上的壓力。再加上李登輝即將卸任,為了延續其分裂主義路線的影響,主導選舉議題,李登輝孤注一擲,在下臺之際拋出了遺臭萬年的「兩國論」。

1.李登輝拋出「兩國論」是臺灣長期以來推行分裂主義路線的產物。

20世紀90年代以來,隨著島內外政治環境的改變,李登輝的分裂主義路線逐步暴露,臺灣在大陸政策上力圖重新定位兩岸關係,先後提出了「一國兩府」、「一個中國、兩個對等政治實體」、「以一個中國為指向的階段性兩個中國」、「一個分治的中國」等等主張。要求確認「分裂分治」現實;企圖確立「兩岸對等」、「臺灣主權獨立」的政治地位;在國際社會謀求「雙重承認」、「平行代表權」。目的就是否定「一個中國」原則,造成在國際社

會的「兩個中國」、「一中一臺」的政治與法律局面。

　　1996年12月，李登輝的女婿賴國洲在第四次「修憲」前召開的「國發會」上提出過「準國際關係」的兩岸關係定位，當時，新黨提出把兩岸關係定位為「特殊的國內關係」，民進黨提出把兩岸關係定位為「國際關係」。這是李登輝企圖改變兩岸關係定位的一次試探，由於臺灣各政黨未能取得共識而被忽視。1999年5月份李登輝出版的《臺灣的主張》一書，對拋出「兩國論」有所預告。李登輝在該書中提出「七塊論」，要把中國分為臺灣、西藏、新疆、蒙古、東北等七塊，他還在書中表示：「我希望在卸下總統職務之前，能集國際法學者之力，就臺灣的國家定位問題，提出更完整的解釋。」結果不到兩個月，李登輝就拋出了「兩國論」。這說明李登輝以「特殊的國與國關係」定位兩岸關係的論點蓄謀已久，而不是臨時起意。

　　李登輝提出「兩國論」不僅不是臨時起意，而且是秘密研究了一年多。早在1998年辜振甫即將訪問大陸之前，面對兩岸政治談判、美國學者提出「中程協議」、港澳回歸大陸的多重壓力，李登輝的部分幕僚就提出重新檢討「一個中國」及「兩岸是對等政治實體」的主張。李登輝就指示成立「強化中華民國主權國家地位專案小組」，積極研究這個問題。1998年8月，「強化中華民國主權國家地位專案小組」成立，「由蔡英文召集多位極為年輕的法政學者參與研究，並由當時的國安會兩位諮詢委員張榮豐、陳必照與總統府副秘書長林碧炤擔任小組顧問」。蘇起回憶：「兩國論的起源是在1998年8月，總統府成立了『強化中華民國主權國家地位小組』置於國安會中，邀請十餘位年輕法政學者參與。殷宗文接掌國安會秘書長後，成為小組的主持人，總統府副秘書長林碧炤擔任小組與府內的窗口，實際主持『操盤』的是蔡英文與張榮豐，蔡英文負責學理方面，曾為此走訪國外實地研究，張榮豐負責協調聯繫。」1999年5月，「強化中華民國主權國家地位專案小組」完成了研究

報告，建議以「國家與國家」來重新定位兩岸關係，作為兩岸政治談判的基礎，也作為臺灣分階段「修憲」、修法和廢除「國統綱領」的理論基礎。7月9日，「德國之音」訪問李登輝，於是李登輝迫不及待地拋出了「兩國論」的分裂主義主張。當時，臺灣「國民大會」正在進行第五次「修憲」，「兩國論」出爐後，臺灣各種政治勢力紛紛要求依據「兩國論」的定位重新修改「憲法」。

2.「兩國論」的提出也是島內政黨政治演變與權力鬥爭的後果。

1996年12月，在臺灣為準備第四次「修憲」召集的「國家發展會議」中，臺灣各黨派針對兩岸關係的定位就提出了五種觀點，其中包括「國內關係」、「國際關係」、「國內關係中的特別關係」、「國際關係中的特別關係」及「準國際關係」五大類。民進黨及「建國黨」等主張「臺灣是臺灣，中國是中國」，兩岸關係是「國際關係」；新黨傾向於把兩岸關係定位在「國內關係中的特別關係」；而「準國際關係」的觀點是李登輝的女婿、時任新聞評議會秘書長的賴國洲提出的對於兩岸關係的定位。由於島內各黨派的統獨立場不同，1996年底「國發會」並未就兩岸關係的定位達成共識和結論。

1997年臺灣完成第四次「修憲」後，國民黨因「凍省」的推行導致黨內分裂，衝擊了2000年「總統」選舉的選情，從而引發執政危機。1997年底的縣市長選舉中，民進黨得票率（43.32%）第一次超過國民黨得票率（42.12%），民進黨執政縣市的數目和人口都超過了國民黨。國民黨和民進黨處於政權爭奪戰的關鍵時期，國、民兩黨為了吸引並穩定中間票源，從政黨理念、政黨體制到政黨行為都進行了轉型，國、民兩黨爭相走一條中間路線。1999年5月民進黨的「全代會」透過「臺灣前途決議文」，公開承認「中華民國」的「國號」，提出：「臺灣，固然依目前憲法稱為中華民國，但與

中華人民共和國互不隸屬。」李登輝拋出「兩國論」後，8月29日，國民黨的黨代會也把李登輝提出的「兩國論」寫入政治決議文，決議文中提出「以特殊的國與國關係明確定位兩岸關係」。臺灣朝野兩黨國民黨與民進黨的國家認同即統獨立場本質上已經合流，在兩岸關係政治定位的立場上取得一致，為「兩國論」在島內的貫徹執行奠定了政治與社會基礎。

李登輝在即將卸任之際，一意孤行拋出世人唾棄的「兩國論」，其實也有延續個人政治生命的考慮。李登輝對連戰、宋楚瑜都不放心，希望透過「兩國論」迫使參與角逐2000年臺灣地區領導人選舉的各方表態，為2000年臺灣地區領導人選舉定調，為2000年以後的臺灣預設分裂主義的政治路線。正如前民進黨「立委」林濁水所指出的：「做為第一個臺灣總統，李登輝雖然具有強烈使命感，但是國民黨領導人的角色限制，讓他在突破國家定位上，仍然整整受了十年的約制。然而，隨著卸任在即，李登輝的時不我予感漸強，國民黨內不管是連戰或是宋楚瑜，面對中共的態度都是不如李自己堅定，在國家定位上更沒有李的魄力。因此，在任期屆滿時日不多的壓力下，與對其後繼者不放心的焦慮下，臺灣國家定位的確立，成了他最迫切的使命，李以國家間關係定位兩岸關係，是國民黨邁入第三階段的策略運用。」

3.李登輝提出「兩國論」的目的是蓄意破壞辜汪會談的良好氛圍。

由於1995年李登輝訪美，惡化了兩岸關係的氣氛，致使兩岸兩會的接觸、對話與談判被迫中止。1998年兩岸關係開始回溫，大陸提出以政治談判來促進兩岸關係的發展，推動兩岸和平統一的進程。兩岸的政治談判計劃分三步走：第一步是政治對話，1998年9月海基會董事長辜振甫訪問大陸，拉開了兩岸政治對話的序幕；第二步是政治談判的程序性安排，兩岸兩會就政治談判的議題進行程

序上的磋商；第三步才開始正式的政治談判。1999年3月18日，兩會副秘書長在臺北確定汪道涵會長當年秋天訪臺；6月28日，兩會副秘書長在北京原則確定了汪道涵訪臺的行程路線、停留時間及政治對話安排。

　　兩岸政治對話、談判的目的是實現兩岸的最終統一，因此必須堅持一個中國原則。然而，臺灣反對「一國兩制」，不願意成為地方政府，堅持要與大陸「對等」，所以並不想和大陸進行政治談判，甚至連進行政治對話都不願意。但是臺灣又面臨美國學者和官員提出的「中程協議」或「臨時協議」的壓力，因此，1999年7月9日，李登輝在海協會會長汪道涵準備到臺灣參訪之前，單方面宣布把兩岸關係定位成「特殊的國與國關係」。緊接著7月10日，海基會董事長辜振甫隨聲附和，發表了「兩岸會商就是國與國對談」的謬論。7月12日，臺灣「陸委會主委」蘇起發表談話，強調「要打破一個中國的迷思」，認為：「中華民國與中華人民共和國分別統治臺灣與大陸兩地，這已是不爭的政治現實與法律現實」。可見，「兩國論」的核心就是要重新定位兩岸關係，要擺脫「一個中國」原則，要以「兩國論」作為兩岸政治談判的基礎。7月25日，連戰在接受美國時代雜誌專訪時解釋李登輝「兩國論」的提出：「是因為汪道涵即將來訪，加上美國期待兩岸進行政治談判，因此我們有必要釐清兩岸定位。」然而，「兩國論」否定「一個中國原則」，使得兩岸兩會接觸、交流、對話的政治基礎遭到徹底破壞，也使得辜汪會談的氛圍受到嚴重的毀損。

（三）圍繞「兩國論」的政治鬥爭

　　臺灣提出「兩國論」後，不僅遭到大陸的譴責和批判，也沒有得到國際社會的支持。美國政府不僅重申堅持「一個中國的立場」，而且在聯合國大會總務委員會發言表示不支持臺灣加入聯合

國。臺灣受到大陸方面的壓力，也受到美國的壓力，不得不表示「不修憲、不修法」的立場，使臺灣對兩岸關係的定位呈現出政治與法律相異的雙重性。

1.李登輝的「兩國論」遭到海內外中國人的共同譴責和批判。

李登輝的「兩國論」提出後，遭到海內外中國人的共同譴責和批判。祖國大陸各民主黨派、人民團體和各界人士紛紛發表聲明和評論，譴責李登輝違背「一個中國原則」的分裂言行；廣大的海外華僑華人、港澳同胞等懷著深厚的愛國主義情感，也紛紛以各種形式深入揭批李登輝的分裂言行。

面對島內分裂主義的猖獗行徑，中國人民解放軍也表達了時刻準備捍衛祖國的主權和領土完整，堅決粉碎任何分裂祖國的圖謀的堅強決心。1999年8月至9月，中國人民解放軍舉行了不同規模的具有針對性的導彈試驗、反潛演習、集結演練等。9月中旬，南京戰區和廣州戰區在浙東、粵南沿海舉行了大規模的渡海登陸作戰演習。

李登輝的「兩國論」提出後，在島內得到民進黨、「建國黨」、「臺灣教授協會」等「獨派」團體的支持。但是臺灣大部分民眾對於李登輝破壞兩岸關係發展和穩定的做法表示反對。1999年7月18日，臺灣100多位教授，包括魏鏞、張麟徵、江炳倫、呂亞力、邊裕淵、邵宗海、朱炎等交大、臺大、政大等高校的學者發表連署聲明。他們批評李登輝的「兩國論」決策內涵違背「憲法」、法律及其就職聲明，呼籲李登輝及「行政院長」蕭萬長應立即停止推動「兩國論」，「立即停止對『特殊國與國關係』作擴張性解釋，不對憲法、法律及國統綱領作任何修訂或更改。」7月24日，新黨在臺北市發起「和平反戰大遊行」，表達「向李登輝兩國論說不」的立場；遊行群眾高呼「打倒李登輝」的口號，強烈反對李登輝的「兩國論」。

李登輝一意孤行的做法也暴露出了臺灣內部對於政治路線主張的深刻矛盾。繼辜振甫發表談話後，1999年8月1日，「陸委會」發表題為「對等、和平與雙贏——中華民國對『特殊的國與國關係』的立場」的說帖，提出「兩岸應該回到『一個中國，各自表述』的共識」，認為「特殊的國與國關係」是「陳述現狀，不是改變現狀；追求和平，不是製造麻煩」，「政策未變，自不存在所謂修憲、修法、修改國統綱領的問題，更談不上是改變現狀或製造麻煩。」對於蘇起主導的「回到『一中各表』」、「不修憲、不修法」的論述，李登輝並不滿意，認為「將解釋空間更為壓縮」，因此，「下令政府『說帖』該到此為止，要求一切回歸李登輝的原始講話」，並且認為「政務官在關鍵時刻的膽識與判斷如此，李登輝則相當憂心」。8月29日，國民黨「十五全」將「特殊的國與國關係」寫入決議文，引起國民黨中評委張鴻學、梁肅戎等人的質疑，認為「兩國論」違反「憲法」和國民黨黨紀，使兩岸關係中斷，絕對是錯誤的論點。

2.李登輝的「兩國論」遭到國際社會的普遍反對。

20世紀90年代中期以來，美日加強安全保障合作，結成了一個潛在的針對中國在內的軍事同盟，日本還把臺灣及臺灣海峽劃入「周邊事態」的周邊範圍內，介入中國的內政問題，客觀上刺激了島內分裂主義的發展。美日在東亞地區合作建構戰區導彈防禦系統，企圖把日本、韓國、臺灣都納入美國反導彈系統的保護之下。臺灣急於加入美日主導的戰區導彈防禦系統，李登輝多次指示臺灣軍方要研究，要積極參加。1999年5月發生了北約空襲科索沃過程中美國空軍轟炸中國駐南使館的事件，中美關係惡化，島內分裂主義勢力得到鼓舞。正是在這樣的國際背景下，李登輝以為有機可趁，企圖渾水摸魚，急切地拋出了「兩國論」，試圖讓美國和國際社會接受他的「兩個國家」的政治定位。1999年8月12日，臺灣策動中美洲等地區的13個小國向聯合國秘書處提出入會案，提出「中

華民國在臺灣,中華人民共和國在大陸」的「兩個中國」的論調,實際上就是想把「兩國論」推向國際社會,把臺灣問題國際化。但是一個中國依然是國際社會的普遍共識,李登輝的「兩國論」不僅得不到國際社會的支持,而且還遭到國際社會的普遍反對。

　　李登輝拋出「兩國論」後,立即遭到中國政府和中國人民的堅決反對,指出李登輝是在「玩火」。美國也體會到問題的嚴重性,很快作出了反應。首先,7月14日,美國國務院發言人魯賓表示美國堅持「一個中國」的政策,「三不」政策;其次,7月18日,美國總統柯林頓與中國國家主席江澤民通電話,重申美國堅持「一個中國的立場」,並且強調美國在臺灣問題上的政策沒有改變;接著,美國還同時向北京派出特使助理國務卿陸士達和國家安全亞太政策資深主任李侃如,向臺北派出特使美國在臺協會理事主席卜睿哲,瞭解雙方的立場,表明美國的政策,要求雙方克制。8月2日至3日,由於海峽兩岸的戰鬥機在臺灣海峽上空頻繁活動,美國擔心雙方擦槍走火,48小時內連續六次照會兩岸政府,要求雙方克制,避免發生任何衝突。9月11日,江澤民主席與柯林頓總統會見,柯林頓總統明確表示李登輝所發表的「特殊國與國關係」言論,「對中國和美國都製造了很多麻煩」。可見,李登輝已經被公認為是中美關係與國際社會的麻煩製造者。

　　中美關係的核心問題是臺灣問題,臺灣問題始終是中美關係中最重要、最敏感的問題,處理不好會引起中美之間的直接對抗和衝突。這一點美國行政機構認識比較清楚,所以美國特使卜睿哲到臺灣以後,當即發表聲明,強調一個中國原則是美國政策的基石。7月21日,柯林頓也重申美國對兩岸關係的三個「支柱」:一個中國政策、兩岸對話、和平解決歧見,甚至還提到香港模式也可以成為借鑑。美國一些學者也頭腦比較清醒,稱李登輝是「不可預測的政客」、「麻煩製造者」等。7月15日,《紐約時報》還發表社論,要求李登輝放棄「兩國論」的主張。但是美國國會、軍界、情報界

有一部分反華勢力支持李登輝的分裂主義路線。7月16日,美國參議院外交委員會主席赫爾姆斯就跳出來表示「完全支持李登輝的特殊兩國論」。8月初赫爾姆斯還提出所謂的「臺灣安全加強法案」,第一要增加對臺軍售;第二要建立臺北與美軍太平洋指揮部之間的熱線電話;第三要提供臺灣戰區導彈防禦設備和系統。8月初美國國防部宣布了大約5.5億美元的對臺軍售項目,包括F16戰鬥機的零件和兩架E-2T預警機。可見,美國在臺灣問題上有意識地操作兩手策略,對華政策具有雙重性,既有接觸的一面,也有遏制的一面。

繼美國政府作出明確的表態之後,世界上有100多個國家相繼表示堅持「一個中國」原則,包括日本、歐盟、東南亞等一些國家和地區均重申遵循一個中國原則;俄羅斯重申對臺「四不」政策等等。

3.在政治上,臺灣一方面找理由解釋,另一方面又不斷繼續放話,堅持不收回「兩國論」的立場。

面對大陸可能的反應,臺灣一方面在軍事上準備應變方案,另一方面加強對國際社會的宣傳攻勢。7月13日,臺灣「國防部」成立所謂「永安專案小組」,宣稱準備了13套完整的應變方案。7月15日,李登輝指示臺灣相關部門向國際社會說明兩岸新定位,除了強調大陸政策沒有任何變化外,也要特別說明「兩國論」的持續性、務實性及開放性。「持續性,是指我大陸政策一貫而持續,推動兩岸交流對話的立場並無改變。務實性,是指『兩國論』只是務實地面對兩岸的現實狀況。開創性,是指大陸如有務實回應,兩岸即可步上政治談判的道路,兩岸關係的範圍將因此而更加廣大。」

7月20日,中臺辦、國臺辦負責人發表談話指出,臺灣分裂勢力正企圖按照「兩國論」修改臺灣地區所謂「憲法」和「法律」,以所謂「中華民國」的名義實現「臺灣獨立」。這是一個更加嚴重

和危險的分裂步驟，是對和平統一的極大挑釁。如果這一圖謀得逞，中國和平統一將變得不可能。為了緩和大陸和國際社會對李登輝「兩國論」的壓力，臺灣不得不承諾「不存在所謂修憲、修法、修改國統綱領的問題」，並且從多方面進行辯解。

（1）認為「特殊國與國關係」是為了兩岸談判作準備，是要求「對等」，是要維護「中華民國的國家主權地位」，並非「臺灣共和國」，與「臺獨」不同，不是要搞「臺獨」。1999年7月23日，李登輝會見美國在臺協會理事主席卜睿哲時表示：「我是堅決反對臺獨的。」同一天，連戰會見卜睿哲時也表示：「『特殊的國與國關係』是為了爭取對等，主旨在於『對等』而非『獨立』。……外界將其與『臺獨』劃等號，是錯誤的。」蘇起認為「兩國論」是防衛性的宣示，並不是挑釁性的舉措。

（2）7月26日，李登輝辯解說，許多人將他的說法簡化為「兩國論」，其實他並沒有提「兩國論」，「和平統一是我們政府與人民努力的長遠目標」。7月27日，李登輝再次強調，他所說的是「特殊的國與國關係」，從來沒有說過「兩國論」。所謂的「兩國論」，是被炒作出來的。「追求兩岸統一仍是我們未來的目標」。

（3）7月30日，臺灣發表海基會「辜董事長談話稿」，對「特殊國與國關係」強調「特殊」，並從三個方面著重解釋「特殊兩國論」的「特殊」：「一、兩岸之間文化同根、民族同源，具有特殊的感情。二、雙方人民在社會、經貿等各層面往來之密切，非以往與現在的分裂國家所能比擬。三、最重要的是，雙方均有意願共同努力、平等協商，追求中國未來的統一。」李登輝也曾經表示：「事實上，所謂『特殊的』，基本上就是說，兩岸的中國人存在有特殊的情感，彼此也較能相互瞭解，所以更應彼此尊重。」

（4）強調「一個中國、各自表述」，並把「一個中國」的概念與「特殊的國與國關係」混合在一起。7月20日，李登輝就強

調：「『一個中國』不是現在，而是將來民主統一之後才會有『一個中國』的可能」。蘇起解釋：「『一個中國』是未來的事，民主統一的新中國也是未來的事，『一個中國』不是現在。」1999年8月1日，臺灣的「陸委會」發表說帖：主張兩岸應回到「一個中國、各自表述」的共識。9月10日，「陸委會」主委蘇起把「一個中國」解釋成「三段論」，即：「一個中國，各自表述；一個中國是未來的；現階段是特殊的國與國關係」。臺灣「總統府」副秘書長林碧炤甚至還認為，「特殊的國與國關係」主張「基本上是和過去『一個中國、各自表述』的意思一樣」。可見，臺灣企圖透過「各自表述」，把「一個中國」解釋為「兩個中國」。

（5）認為「特殊兩國論」陳述現狀，反映民意。李登輝反覆強調「『特殊國與國關係』主張，只是在陳述一個歷史與法律的事實，讓兩岸關係的實質內涵回覆真貌。」臺灣的「陸委會」、國民黨、民進黨及臺灣多家媒體也發佈民調，以證明臺灣民意對於「兩國論」的支持。

臺灣一方面提出各種解釋，以求化解「兩國論」帶來的政治危機；另一方面又堅持不收回「兩國論」的觀點，堅持改變兩岸關係定位的既定政策。7月20日，李登輝在接見國際扶輪社某個地區的代表時，一字不漏地重申了「兩國論」。8月初，李登輝自稱提出「兩國論」是出自「道德勇氣」，是反映了人民的心聲，「也為繼任者奠定了長遠發展的基礎」。8月9日，李登輝會見美國眾議院代表團時，宣稱他提出「特殊的國與國關係」，「是在陳述一個事實，而這個事實，無論是從法律、歷史、現實的任何一個角度來看，都是『無可否認的』」。8月10日，李登輝不僅重彈「國與國關係」論調，連「特殊」也不要了，還說「愈鬧愈大」，「愈鬧愈好」。8月17日，臺灣「行政院長」蕭萬長也表示：「兩國論沒有必要收回。」8月29日，國民黨「十五全」把「兩國論」寫入黨的政治決議文，提出要「以特殊的國與國關係明確定位兩岸關係，迎

接兩岸互動的新頁」。10月10日,李登輝在「中華民國」的「雙十國慶祝詞」中再次提出:「兩岸為特殊的國與國關係,乃是歷史與法律的事實」,並且說要「以此為基礎,推動建設性對話」。可見,臺灣受到島內外政治局勢的制約,對於發展兩岸關係和推動兩岸對話、交流、談判處於矛盾立場之中,一方面不得不表達追求統一的立場,另一方面絲毫沒有收回「兩國論」的意思。李登輝不僅給國民黨和臺灣社會背上了沉重的包袱,而且也給繼任者背上了沉重的包袱。

(四)「兩國論」的影響

李登輝提出「兩國論」目的就是要公開搞「兩個中國」,搞「事實獨立」,是在分裂國家的道路上走出的十分危險的一步。第一,是對國際社會公認的一個中國原則的嚴重挑釁;第二,破壞兩岸關係發展的政治基礎;第三,是對亞太地區和平與安全的挑戰。

1.「兩國論」使臺灣社會的分裂主義路線更加頑固。

1949年國民黨政府因國共內戰失敗而退據臺灣,兩岸分屬於社會主義和資本主義兩大陣營,國共兩黨隔海對峙,政治上、軍事上相互對抗,經濟上、文化上、人員往來上相互隔絕。直到1987年11月,國民黨當局才開放臺灣民眾赴大陸探親,從此,開啟了兩岸民間交流的大門。長期以來,海峽兩岸處在不同的政治、經濟和社會制度下,相對擁有各不相屬的政治體系,相互對立的政治文化,因此,造成了兩岸之間政治認同的差異。「幾十年來,臺灣民眾在中華民國這個國號下生活,他們的國籍填的是中華民國,他們的護照上、駕駛執照上寫的是中華民國,在他們看來,他們理所當然的是中華民國的國民。」

許多臺灣民眾雖然政治上認同「中華民國」,但是也認同海峽

兩岸主權和領土是一體的,認同自己是中國人,支持「海峽兩岸同屬一個中國」的政治認知。但是,李登輝拋出「兩國論」,一方面,從本質上改變「中華民國」的內涵,把「中華民國」的「主權與治權」侷限在「臺澎金馬地區」,否定海峽兩岸在領土主權認知上的同一性;另一方面,把臺灣民眾對「中華民國政治體系」的認知等同於「中華民國在臺灣是主權獨立國家」的認知;以臺灣民眾對「中華民國」的認同來否定「海峽兩岸同屬一個中國」的政治認同。李登輝的分裂主義行徑無疑使得臺灣民眾本已模糊的國家認同變得更加歧義,加劇了臺灣民眾對於祖國大陸的疏離感。

李登輝提出「兩國論」後,臺灣《聯合報》民意調查顯示,有80%民眾贊成「中華民國是主權國家」;有50%以上的臺灣民眾贊成李登輝的「特殊兩國論」。臺灣《中國時報》民調顯示,有43%的民眾支持李登輝「兩國論」的主張。由於臺灣社會歷史的特殊背景,許多臺灣民眾在臺灣的政策誤導下,無所適從,對「一個中國」的政治認知日益模糊,使得李登輝的「特殊兩國論」在臺灣具有一定的社會基礎。

2.「兩國論」為國民黨2000年臺灣地區領導人選舉種下了敗因。

2000年臺灣地區領導人選舉,是跨世紀臺灣政局的轉折點。在民進黨的陳水扁、國民黨的連戰以及獨立參選的宋楚瑜三足鼎立的態勢下,「兩國論」的拋出催化了選戰的意識形態選擇傾向,對選舉結果產生了重大影響。

李登輝拋出「兩國論」後,迫使參選「總統」的候選人都必須對兩岸關係定位作出表態。陳水扁最為積極,他對李登輝表示感謝,因為李登輝的「兩國論」與陳水扁提出的「兩個互不隸屬的華人國家」的定位相同。陳水扁還要求:「此刻任何一位可能的總統參選人應該站出來表態,中國和臺灣,你到底站在那一邊?」宋楚

瑜則批評「兩國論」的決策過程盲目、粗糙。連戰在國民黨內政治氛圍的壓力下，不得不對李登輝的「兩國論」表示支持。1999年8月29日，國民黨還把李登輝的「兩國論」寫入黨代會的政治決議文，決議文中提出「以特殊的國與國關係明確定位兩岸關係」。

李登輝拋出「兩國論」使得國民黨與民進黨的政治主張趨同。民進黨由於「臺獨」主張受到各界質疑，擔心「臺獨黨綱」成為選舉中的票房毒藥，1999年5月份民進黨的「全代會」透過了「臺灣前途決議文」，提出：「臺灣，固然依目前憲法稱為中華民國，但與中華人民共和國互不隸屬」，公開承認「中華民國」的「國號」。在參選過程中，陳水扁也提出臺灣和大陸是「兩個互不隸屬的華人國家」的主張。李登輝把兩岸關係定位成「特殊的國與國關係」，在對外宣傳中使用了「Two states in one nation」，即「一個民族、兩個國家」的說法，本質上與陳水扁的「兩個華人國家」的定位並沒有區別。「兩國論」的目的就是要把「中華民國」的主權範圍侷限在臺、澎、金、馬，使得國民黨在國家認同的立場上與民進黨的立場基本一致了，客觀上有助於民進黨袪除選民心中的「臺獨害臺論」。

李登輝在國家認同的立場上向民進黨靠近，一方面是要與民進黨聯合起來共同對抗大陸的統一力量，對抗「和平統一、一國兩制」的方針政策；另一方面是想拉民進黨支持者的票，想在2000年「總統」選舉中壓低陳水扁的得票率。國民黨陣營出現了兩個「總統參選人」——宋楚瑜與連戰，國民黨傳統的支持票源受到宋楚瑜與連戰的瓜分。宋楚瑜在臺灣省長任內勤於跑基層，關心基層建設，與各縣市地方實力派關係緊密。選前臺灣各項民調都顯示宋楚瑜有很高的支持率，對連戰是最大的威脅。因此，李登輝拋出「兩國論」，透過在兩岸間挑起爭端，激化島內的統「獨」爭議，讓國家認同與身份認同的意識形態爭議成為「總統」選戰中的焦點。「臺獨票」一直是民進黨的傳統票源，李登輝提出「兩國論」，國

民黨的立場向「臺獨」靠近，目的是想幫連戰挖陳水扁的票源，想在選戰最後引發「棄扁保連」的傾向；但實際上李登輝的作法不僅未能協助連戰競選，反而使得國民黨內的部分本土票源流向了陳水扁，給國民黨候選人連戰埋下了敗選的因素。

　　3.「兩國論」使兩岸溝通、交流、對話和談判的基礎不復存在。

　　由於李登輝的蓄意破壞，「兩國論」給海協會會長汪道涵的訪臺行程帶來了直接的影響和衝擊。1999年7月12日，汪道涵要求辜振甫澄清有關「兩岸會商就是國與國的對談」的講話；7月30日下午兩點，辜振甫召開記者會，發表談話，繼續為李登輝的「特殊國與國關係論」辯解，宣稱：「李總統的談話，明確說明中華民國是主權獨立國家的現實，充分反映了中華民國在臺灣民主社會二千二百萬人民的心聲，這也是強調兩岸分治對等的立場。」當天下午四時，海協會即因「辜董事長談話稿」嚴重違背「九二共識」，不予接收，正式退回。海協會負責人發表談話指出：「這個『談話稿』進一步鼓吹李登輝的所謂兩岸關係是『特殊的國與國關係』的謬論，再次暴露了李登輝頑固分裂中國的圖謀，嚴重惡化了兩岸關係，並使兩會接觸、交流、對話的基礎不復存在。」

　　1999年9月8日，江澤民主席在澳大利亞堪培拉會見中外記者時指出：「要實現汪道涵訪臺，必須要做到以下兩條：一是李登輝公開收回『兩國論』；二是李登輝只能以國民黨主席的身份，而絕不能用所謂『總統』身份接待汪道涵。」由於李登輝主導下的臺灣拒絕收回「兩國論」。臺灣無法滿足1999年9月8日江澤民主席在澳大利亞提出的兩個條件，汪道涵訪臺計劃被迫取消，使1998年恢復的兩岸兩會接觸與協商再次中斷。

四、李登輝分裂主義路線在「外交」與「憲改」領域的表現

第一節　李登輝時期臺灣的「務實外交」

臺灣在蔣氏父子當政時期，堅持所謂「中華民國的法統」，以中國的「正統」自居，奉行「漢賊不兩立」的政策，在國際上與大陸激烈爭奪全中國的代表權。隨著1971年臺灣的代表被驅逐出聯合國及其所屬機構，以及1979年中美建交，臺灣在國際上日益孤立，「邦交國」越來越少，「國際活動空間」漸漸萎縮，臺灣的對外關係陷入了困境。蔣經國去世，李登輝上臺以後，臺灣為了擺脫在國際上的孤立困境，開始對外推行「務實外交」政策。所謂「務實外交」，又稱為「彈性外交」，就是在「正常外交」或「官方外交」不能運作的時候，為因應對外關係與事務上所採取的一種權宜措施與彈性做法。李登輝推行的「務實外交」，其實質是圖謀「兩個中國」、「一中一臺」，顯然與一個中國的原則背道而馳，與海峽兩岸走向和平統一的目標背道而馳。

（一）臺灣推行「務實外交」的背景

蔣經國去世後，李登輝繼位。上任伊始，李登輝就開始提出「務實外交」的主張。「務實外交」取代「漢賊不兩立」，被認為是臺灣的「外交政策」走進「李登輝時代」的標誌。1988年7月7日，李登輝在國民黨「十三全」開幕致詞中宣稱：「我們的基本作

法是：要以更堅定的信心，採取更實際、更靈活、更具有前瞻性的作為，以升高並突破目前以實質外交為主的對外關係。」1990年李登輝當選所謂「第八任總統」後，在5月20日的「就職演說」中表示：「今後必將以更主動務實的精神，拓展國際活動空間，策進國際合作，共謀國際社會的繁榮與和平。」李登輝當政時期，孜孜以求地推行「務實外交」，謀求「國際活動空間」，既有客觀的因素，也有主觀的動機。

1.「外交困境」使臺灣亟待謀求「拓展國際活動空間」。

1971年10月，第26屆聯合國大會以75票贊成、36票反對、17票棄權的表決結果，透過了第2758號決議，恢復了中華人民共和國在聯合國的合法席位和權利，並立即「把蔣介石的代表從聯合國及其所屬機構驅逐出去」。世界各國紛紛與臺灣「斷交」，1979年中美正式建交，使臺灣陷入空前的「外交困境」。1970年臺灣「邦交國」有67個國家，在中美建交前夕僅剩23個「邦交國」，1988年臺灣的「邦交國」落到最低點，只有22個國家。

表2：1970年-1990年臺灣「邦交國」數目

單位：個

年份	數目	年份	數目
1970 年	67	1980 年	23
1971 年	56	1983 年	24
1972 年	43	1985 年	23
1974 年	32	1988 年	22
1976 年	26	1989 年	26
1979 年	23	1990 年	28

資料來源：臺灣淡江大學國際事務與戰略研究所2004年吳宛玲碩士論文《「李登輝總統務實外交」政策之研究（1988-2000）》，第109頁。

「邦交國」的不斷減少，使臺灣深感「生存空間」縮小的壓力，迫使臺灣不得不從策略上調整對外政策。為了走出「外交困境」，早在蔣經國當政時期，臺灣就提出了「總體外交」或稱為「實質外交」的策略，新形式的對外關係包括以下三方面：（1）在對外關係上採取所謂「彈性」政策；（2）在維持既有形式關係的同時，強調發展實質關係；（3）鼓勵參與各種民間國際組織活動和進行所謂「國民外交」。所謂「實質外交」是國際社會普遍承認中華人民共和國政府是代表全中國的唯一合法政府的趨勢下，臺灣為了擺脫國際孤立地位，而不得不推行的實用主義的「外交」策略。李登輝上臺以後，臺灣進一步採取更加彈性、更加實用的策略，改變海峽兩岸在國際社會「漢賊不兩立」的立場，竭力推行「彈性外交」、「務實外交」，以圖進一步擺脫「外交困境」，在國際社會凸顯「中華民國是主權獨立國家」的政治地位。李登輝公開宣稱：「我們的務實外交，就是要在這些困難的情況下走出自己地位的具體作法。」

2.國際格局的變遷為臺灣推行「務實外交」提供了客觀的環境。

20世紀80年代末90年代初，國際格局發生了巨大的變遷，1990年東歐社會主義國家發生劇變，1991年蘇聯瓦解。由於蘇東劇變，導致戰後形成的「雅爾達體制」瓦解，東西方冷戰格局發生改變。美國認為中國失去了原有的牽制蘇聯的戰略意義，開始向中國施加政治、經濟、軍事等多方面的壓力。臺灣堅持頑固的「反共」立場，認為時局對其「拓展國際活動空間」有利，以為有機可趁，因此，臺灣在國際社會高唱「民主、自由、人權」的口號，以圖透過

打「民主牌」來擺脫國際孤立的困境。1991年元旦，李登輝在公開講話中宣稱：「環顧世局，由於東西方兩大陣營冷戰的結束，國際政治趨向多元發展，新的國際秩序則仍有待建立。但從蘇聯的政經改革、德國的統一、東歐共產專政的瓦解，都在在說明，共產主義已經走到窮途末路。所有的共產國家，均面臨著不改弦更張，就徹底失敗的命運。」在舊的格局崩潰，國際新秩序形成過程中，臺灣提出「務實外交」的策略，希望在國際新秩序下佔有一席之地。

隨著冷戰格局的瓦解，傳統的以意識形態對抗為特徵的國際政治格局讓位於以經濟發展為主題的國際新秩序，世界各國普遍重視經濟建設和經濟發展。1993年4月，李登輝在巡視東引、馬祖等島對臺軍的講話中明確表示：「現在是我們走務實外交路線的最好機會」，「近年來，國際情勢變化非常快速，蘇聯共產帝國崩潰後，冷戰大致告一段落，國際意識形態的對抗也逐漸消退，國際合作勢將代替軍事對抗。對中華民國來說，這是推動務實外交，以和平方法走務實路線，促進國際合作最好的機會」。臺灣經濟經過20世界70年代和80年代的高速發展，成為「亞洲四小龍」之一，積累了較為穩固的外匯儲備，在對外貿易和對外投資中佔有一定的優勢。「國際社會進入90年代，傳統的地緣優先已為經濟優先所取代，經濟實力的較量上升為競爭的關鍵，各國執政者無不把發展自身經濟作為主要施政目標，臺灣雄厚的經濟實力受到世界上一些國家的青睞。」臺灣利用經濟上的優勢，在國際社會為其「拓展國際活動空間」鳴鑼開道，大肆推行「金錢外交」，一方面透過公開對外經濟援助、經貿投資等方式以爭取和鞏固「邦交國」；另一方面暗中灑錢，拉攏和收買一些國家的政要，達到「建交」的目的。為了增加國際活動空間及國際支持，李登輝公開表示：「這項工作我們將以務實外交的作法來進行，現在非常欣慰的是我們袋裡有點錢，我們計畫拿出一部分回饋全世界開發中國家。」李登輝認為，國際格局的演變為臺灣利用經濟手段推行「務實外交」提供了有利的時機，

「四十幾年來,我們累積出經濟上的實力,已經得到國際各方面對我們的期許,要我們作更多的貢獻,在這種情況之下,本人認為要徹底推行務實外交,我們的機會比以前更多,我們活動的空間應該比以前更大。」

3.李登輝把「務實外交」作為推行分裂主義路線的目標和手段。

「務實外交」是李登輝推行分裂主義路線的表現和產物。「外交政策」與大陸政策是臺灣對外政策的一體兩面,兩者相輔相成,密切相關。李登輝當政後,隨著權力地位的逐漸穩固,不斷地暴露出分裂主義的真面目。李登輝把「務實外交」當作推行分裂主義路線的重要目標和手段,在兩岸關係上,李登輝強調「分裂分治」,要求大陸承認臺灣的「主權獨立國家」的地位;在國際上,李登輝主張「雙重承認」,圖謀加入聯合國等國際組織,要求世界各國和國際組織承認臺灣的「主權獨立國家」的地位,企圖在國際上造成「兩個中國」或「一中一臺」的政治現實。

李登輝上任不久,1988年3月22日透過時任「研考會主委」的魏鏞放出試探氣球,提出:「德國與韓國突破外交上承認的瓶頸,關鍵乃在於將『國家統一』與『承認』分開處理,我政府從未排除『雙重承認』」。這一試探氣球出來後,受到輿論的關注,認為這是臺灣在對外政策上作出重大調整的信號。1989年,李登輝不計名分,出訪新加坡;派遣臺灣的代表出席北京亞銀年會,被認為是李登輝「務實外交」的初步實踐。90年代以後,李登輝變本加厲地推行「務實外交」,要求以「對等政治實體」的身份參與國際社會,要求大陸不阻撓臺灣開展對外關係,提出「海峽兩岸必須在對等的地位下才有談判的可能」,這種「對等地位」不僅僅體現在兩岸談判中,而且必須體現在國際社會,要求「彼此採取相互尊重互不排斥的立場,共同參加國際組織與活動」。1994年7月,臺灣公開發

表了「臺海兩岸關係說明書」，提出臺灣「不再在國際上與中共競爭『中國代表權』」，「兩者既處於分治局面，理應各自有平行參與國際社會的權利」。

（二）臺灣「務實外交」的具體舉措

　　為了達到「務實外交」的目標，臺灣可謂挖空心思，不擇手段，從企圖建立「雙重承認」的「邦交關係」到不斷升級的實質關係；從孜孜以求的「元首外交」到不惜重金的「金錢外交」；從徒勞無功地推動加入政府間國際組織到鼓吹「南向政策」，臺灣手法不斷翻新，但是在國際上製造「兩個中國」、「一中一臺」的分裂主義本質未變。李登輝曾經公開承認「務實外交」的目的就是要在國際社會證明「臺灣的存在」，「曾經有人問我，拓展外交有何『特殊秘訣』？道理其實很簡單，就是堅持『臺灣存在的事實』和『存在就有希望』的信念。」「為證明臺灣存在的事實，就必須與其他國家建立關係。最好的方式當然是建立健全正式的外交關係，如果有困難，建立健全以經濟為主的實質關係也無妨。倘若連建立經濟關係都有困難的話，則可退而求其次：建立文化或其他的交流關係。……這種務實（pragmatic）的作法，可以為外交困境帶來許多突破。」「我將此稱為『務實外交』，也就是顧及現實的外交作為。相信只要我們繼續堅持此一路線，一定可以確保臺灣的『存在』，並彰顯臺灣『存在』的事實。」從李登輝時期，臺灣的「務實外交」的推行狀況，可以看出，臺灣「務實外交」的具體舉措主要有以下一些內容。

　　1.企圖建立「雙重承認」的「邦交關係」。

　　「雙重承認」是臺灣推行「務實外交」的重要內容，所謂「雙重承認」，就是臺灣要求國際社會既承認「中華人民共和國」、又

承認所謂的「中華民國」，承認臺灣與大陸是兩個「主權各自獨立的國家」，其實質就是搞「兩個中國」、「一中一臺」。李登輝「務實外交」的重要目標就是企圖在臺灣對外建立「邦交關係」上實現突破。一方面，臺灣的「邦交國」轉而與大陸建交之後，臺灣極力拖延「斷交」時機，不主動尋求「斷交」，盡力造成事實上的「雙重承認」的現實；另一方面，臺灣不再堅持所謂「邦交國」必須先與大陸斷交後再與之「建交」，要求「邦交國」將其與臺灣和大陸的關係分開處理；另外，在與新獨立國家尋求「建交」的過程中，臺灣也明確表示不反對「雙重承認」。在李登輝推行「務實外交」的初期，為了維持表面上的「一個中國」的立場，臺灣的原則是「只能做，不能說」，避免出現「雙重承認」的字眼。1989年1月5日，時任臺灣「外交部次長」的章孝嚴在「立法院」表示：「『雙重承認』不是我們外交的目標，但可以作為一種手段，外交部已經很嚴肅研究過這個問題。」但是隨著臺灣「務實外交」政策的日益鮮明，「雙重承認」的政策被公開化。1991年7月8日，臺灣「行政院新聞局」公開在《紐約時報》言論版刊登政治廣告，宣稱臺灣願意「接受其他國家的暫時性雙重承認」，暴露了臺灣「務實外交」圖謀「兩個中國」、「一中一臺」的真面目。

　　20世紀90年代，臺灣幾乎每年都要從大陸挖走幾個建交國，對這些所謂「復交」的國家，臺灣極力造成「雙重承認」的機會。1992年臺灣與尼日爾「復交」，臺灣對外部門的負責人表示不干涉尼日爾與大陸的關係，不要求尼日爾與大陸斷交，公開承認臺灣「可以容忍雙重承認」。

　　20世紀90年代，臺灣「邦交國」中僅有的三個大國——沙烏地阿拉伯、韓國、南非先後與臺灣「斷交」，轉而與中華人民共和國政府建立外交關係。為了維繫臺灣與這些國家的「邦交關係」，臺灣極力爭取「雙重承認」的機會。1990年7月，中沙建立外交關係。中沙正式宣佈建交前，李登輝指示希望盡一切努力維持臺灣與

沙烏地阿拉伯之間的「邦交」，臺灣的「外交官員」在「立法院」表示「包括雙重承認和在沙特設立商務辦事處等所有可能性的方案」，臺灣都考慮過。1992年8月，中韓建立外交關係，韓國斷絕與臺灣的「邦交」，在《中韓建交公報》中，「大韓民國政府承認中華人民共和國政府為中國的唯一合法政府，並尊重中方只有一個中國、臺灣是中國的一部分之立場」。臺灣不僅未能取得「雙重承認」的機會，而且韓國外交部門要求臺灣移交在韓館產予大陸，使臺灣顏面盡失，認為是預想各種可能情況中「最壞最壞的情形」。1997年底中國與南非建交。南非是臺灣竭力圖謀實現「雙重承認」的國家，1996年底南非總統曼德拉宣佈將在一年後與臺灣「斷交」而與中國建交。臺灣軟硬兼施，試圖挽救「邦交關係」。時任臺灣「外交部長」的章孝嚴就表示：「以往我與中共『你進我退』、『我進你退』絕不和同一國雙邊建交的作法，沒有必要再堅持，目的是希望將兩岸情勢投射在國際上，讓世界各國體認到兩岸如今已是實質的政治實體。」臺灣與南非商談未來關係架構時，首先希望維持「領事關係」，南非方面認為「領事關係」有政治承認意味，不可能接受；其次臺灣退而希望保持「儘可能高級別的關係」，也被南非方面所拒絕。南非與臺灣的「斷交」意示著「雙重承認」的徹底破產。

2.不斷升級的美臺、日臺等實質關係。

1979年1月1日中美正式建交後，美國與臺灣斷絕了「外交關係」，但是1979年3月美國參眾兩院先後透過了「與臺灣關係法」。「與臺灣關係法」表示：「維持美國的能力，以抵抗任何訴諸武力，或使用其它方式高壓手段，而危及臺灣人民安全及社會經濟制度的行動。」美國以國內法的形式確立了美臺之間實質性的軍事安全合作關係，儼然把臺灣當作美國的海外軍事屬地，為臺灣撐起了政治與軍事安全的保護傘，美國的介入成為阻礙臺海兩岸走向和平統一的重大障礙。

美臺關係是臺灣對外關係的最主要部分，臺灣也極力強化美臺之間的實質關係，美臺雙方分別設立「美國在臺協會」及「北美事務協調委員會」處理美臺之間的實質關係。為了取得美國的支持，20世紀90年代李登輝當政時期，臺灣每年編列的對美軍購都在5億美元以上。1992年9月2日，美國前總統布希宣佈解除10年之久的禁令，向臺灣出售150架F-16A／B戰機，總值60億美元，1997年4月交付了第一批戰機。1993年，美國又宣佈售臺200枚「愛國者」導彈及其設備，總值達100多億美元。

　　臺灣還編列了大筆的「國安密帳」，投入對美國參眾兩院、行政系統、相關智庫等機構的遊說活動中，目的是勸說美國調整對臺政策，提升美臺實質關係，允許李登輝訪美等。1994年9月，美國政府調整對臺政策，其中包括將臺灣的駐美機構改名為「臺北駐美經濟文化代表處」、允許美國適當層級官員訪臺、略為放寬雙方交往範圍，及有限度支援臺灣參與國際組織等，成為提升美臺實質關係的重要舉措。從1994年7月開始，臺灣砸下重金透過劉泰英主持的「臺灣綜合研究院」在美國僱傭凱西迪公關公司遊說美國國會同意李登輝訪美。李登輝還向其母校康奈爾大學提供巨額贊助。在臺灣的大力活動下，1995年5月美國參眾兩院高票透過歡迎李登輝訪美的決議，美國政府再次修正對臺政策，同意臺灣的高層官員偶爾可以私人身份訪問美國，同意發給李登輝訪問美國的簽證，允許李登輝赴美參加康奈爾大學的畢業典禮，為李登輝訪美敞開了政策大門。1995年6月7日至12日，李登輝返回母校康奈爾大學進行「私人訪問」，使兩岸關係再次陷入危機之中。

　　為了反對李登輝的分裂主義路線，1996年3月8日至25日，中國人民解放軍在臺海地區舉行了三波軍事演習。然而，美國派出「獨立號」與「尼米茲號」兩艘航空母艦戰鬥群駛往臺灣附近海域，為李登輝的分裂主義撐腰壯膽。美國公然縱容與支持李登輝分裂主義路線的做法，無疑是給臺灣發出了危險的、錯誤的信號。

由於地緣政治的因素以及日臺之間長期的糾葛，日本把臺灣海峽視為其「生命線」，始終把臺灣問題作為牽制中國的一顆棋子。「日本不願意看到海峽兩岸走向統一，認為統一對日本不利，希望兩岸長期維持現狀，『不統不獨』。」「90年代以來，日本鼓噪『臺灣地位未定論』的聲浪明顯升溫」。臺灣利用日本的這種心態，試圖進一步強化臺日實質關係，一方面在政治上，日臺不斷提高交往層級，提升互訪官員的級別和規格；另一方面在經濟上，日臺雙邊貿易日益密切。臺灣極力運作日本邀請李登輝訪日，由於中國政府的強烈反對而沒有實現。

20世紀90年代中期以來，美國和日本聯手調整雙方安全保障關係，試圖在東亞地區進一步強化以美國為首的軍事安全同盟體系。1996年4月美日發表「安全保障聯合聲明」，1997年9月23日美日正式發表「美日防衛合作指針」。新日美安保體制的核心是兩國加強軍事合作對付「日本週邊地區發生緊急事態」，把臺灣問題列為「周邊事態」之一，無疑為臺灣的分裂主義路線撐起保護傘，客觀上架構了美日臺之間的軍事安全同盟體系，是對中國統一進程的粗暴干涉。

3.推動加入「聯合國」、「世界衛生組織」等政府間國際組織。

臺灣「務實外交」的重要目標之一是透過參加國際組織及其活動以凸顯其國際地位。李登輝上臺後，改變了蔣氏父子時期堅持的「一國一席」的政策立場，一方面，鼓吹「一國兩席」、「雙重代表權」，要求「參與聯合國」等政府間國際組織；另一方面，在參與國際組織及其活動上採取所謂「彈性、務實」的立場，不計較名分，以實質參與為首要。

20世紀80年代末90年代初，臺灣共參加了10個政府間國際組織，包括亞洲開發銀行、國際刑警組織、國際軍事醫藥委員會、國

際棉業諮詢委員會、國際畜疫會、亞洲生產力組織、亞非農村復興組織、亞太理事會、國際稅則局、常設仲裁法院。1984年國際刑警組織恢復中國的會籍，並將臺灣會籍名稱修改為「中國臺灣」（「Taiwan，China」），而且臺灣沒有投票權。1986年3月亞洲開發銀行恢復中國的會籍，要求將臺灣的會員名稱改為「中華臺北」（「Taipei，China」），為此臺灣拒絕出席1986年、1987年的兩屆亞銀年會。1988年李登輝上臺後，派遣「中央銀行總裁」張繼正率領11人代表團以「抗議中」的方式出席在菲律賓首都馬尼拉舉行的亞銀年會。1989年5月臺灣再次派遣「財政部長」郭婉容出席在北京舉辦的亞銀年會，臺灣調整參與國際組織及其活動的彈性策略引起了國內外輿論的關注。

　　李登輝上臺之初，把參與國際組織及其活動的重點放在經濟性與功能性國際組織。1990年1月，臺灣以「臺澎金馬關稅領域」的名義，申請加入「關貿總協定」（GATT）。李登輝不計較名稱的彈性策略，臺灣媒體甚至有人評論認為：「此一決定的背後，隱含著李登輝已踏出了『新國家』的第一步。」1991年11月，臺灣以「中華臺北」的名義加入了「亞太經濟合作組織」（APEC），是臺灣所參與的最重要的區域性國際經濟組織。在台灣外各種分裂主義勢力的推動下，臺灣也開始研究「加入聯合國」的問題。1991年6月18日，臺灣「立法院」透過決議，建議於適當時機以「中華民國」名義申請「重返聯合國」。9月，民進黨的呂秀蓮、謝長廷等人組成「臺灣加入聯合國宣達團」赴紐約展開大肆的遊行、座談、拜訪、登廣告等宣傳活動。臺灣還在「外交部門」設立「聯合國科」，並且加強駐紐約辦事處「聯合國小組」的功能。

　　1993年，臺灣再次掀起所謂「加入聯合國」的高潮，民進黨「立委」呂秀蓮等人成立「臺灣加入聯合國促成會」；李登輝宣稱「會在二三年內提出重返聯合國的申請」；臺灣還成立跨部會的所謂「參與聯合國決策小組」；臺灣「外交部門」公佈了所謂的「中

華民國參與聯合國」專冊；李登輝還發表了「全面推動臺灣參加聯合國的動員令」的講話；臺灣「外交部門」發起成立了「各界支持臺灣參與聯合國行動委員會」。8月6日，臺灣策動薩爾瓦多、瓜地馬拉、尼加拉瓜、哥斯大黎加、洪都拉斯、巴拿馬、伯利茲等中美洲7國聯名寫信給聯合國秘書長，要求「依照會籍普遍化原則及符合分裂國家在聯合國已建立之平行代表權模式，審視在臺灣之中華民國在國際體系下之特別情況，建議設立特別委員會進行研究」。9月22日，第48屆聯大總務委員會否決了中美洲7國的提案，第一次堅決地挫敗了臺灣企圖擠入聯合國的分裂主義圖謀。臺灣不顧一切地圖謀「加入聯合國」，其公開目標是在聯合國爭取「一國兩席」、「雙重代表權」，在聯合國打出「中華民國在臺灣」的旗號，然而其本質是製造「兩個中國」、「一中一臺」的分裂事實。

從1993年開始，李登輝主導下的臺灣每年都拉攏一些「邦交國」，向聯合國提出所謂的臺灣「參與聯合國案」，以期突破「一個中國」的國際法架構和國際政治現實。1994年7月，臺灣「外交部門」負責人提出臺灣「參與聯合國」的三原則，即所謂「無預定立場、不挑戰中共在聯合國內的權益、參與聯合國工作最後有助於中國統一」。這三項原則的要害是拋棄了一個中國原則，在「有助於中國統一」的言詞的掩蓋下，達到分裂中國的政治目的。1994年7月，臺灣策動尼加拉瓜等12國向聯合國大會提案支持臺灣「參與聯合國」。1995年6月，李登輝訪美期間，美國參議院外交委員會透過了支持臺灣「加入聯合國和世界貿易組織」的修正案，使臺灣的活動得到鼓舞；6月26日，李登輝發表專文，要求聯合國依據「會籍普遍化原則」，解決臺灣在聯合國的會籍問題。1995年7月，臺灣策動尼加拉瓜等15國向聯合國大會提案，再次要求討論臺灣的會籍問題。1996年7月，策動塞內加爾等16國向聯合國提案支持臺灣「參與聯合國」。1997年7月，臺灣改變策略，將矛頭指向「聯大2758號決議」，策動所羅門群島等9國向聯合國提案，「要

求聯合國大會審查1971年的2758號決議」，修改該決議，「恢復在臺灣的中華民國參加聯合國組織及其所有有關組織的一切法定權利」。1998年7月，臺灣策動布吉納法索等11國向聯合國提案繼續要求「重新檢討第2758號決議」，聲稱「中華民國政府不再聲稱代表全中國，只尋求代表臺灣的2180萬人民」。1999年7月，李登輝拋出「兩國論」，8月，臺灣策動布吉納法索等12國向聯合國提案，把「兩國論」的內容塞入其中，要求聯合國大會設立「工作小組」，以審查臺灣「被排除於聯合國體系外之不合理情形」。臺灣雖然每年都策動一些「邦交國」向聯合國提案，不斷變換手法，但是結局是一樣的，臺灣每年都鎩羽而歸。由於世界上絕大多數國家都支持一個中國的立場，注定了臺灣推動的「參與聯合國」的活動必然挫敗的命運。1999年，包括美國、英國、法國等西方國家均對「臺灣參與聯合國」表示反對，使臺灣的分裂主義圖謀遭到重挫。

從1997年開始，臺灣還加緊了推動臺灣「加入世界衛生組織（WHO）」的活動。1997年4月臺灣以爭取「醫療權利」為藉口，首度正式推動「重返WHO」的活動，策動塞內加爾等9個「邦交國」臺灣為向WHO提案申請為觀察員；1998年5月7日，臺灣策動甘比亞向WHO提案，要求出席世界衛生大會；1999年4、5月間，臺灣策動所羅門群島、洪都拉斯、聖文森、利比利亞及塞內加爾5國，先後致函WHO幹事長，要求參加世界衛生大會。臺灣一方面宣揚「中華民國在臺灣」、「兩國論」，一方面在國際組織中挑釁一個中國原則，理所當然地遭到中國政府和中國人民的堅決反對，挫敗了李登輝主導下的臺灣試圖擠進世界衛生組織的圖謀。

4.花樣翻新的「元首外交」。

李登輝主導下的臺灣為了推動「務實外交」政策，一方面鼓動所謂的「全民外交」，利用民間社團、民間企業、民間人士的資源，為臺灣的「務實外交」政策服務；另一方面，李登輝親自上

陣，熱衷於出訪「邦交國」和「無邦交國」，沉迷於「過境外交」和「渡假外交」。「李登輝上臺後醉心於『元首外交』，以抬高自己的身價，並彰顯臺灣的『獨立政治實體地位』，因此，『元首外交』即成為『務實外交』一個較為重要的內容。12年中，李登輝共有6次出島活動。」

1989年3月，李登輝出訪與臺灣沒有「外交關係」的新加坡，成為臺灣地區領導人出訪所謂「無邦交國」的首例，新加坡稱其為「臺灣來的李總統」，李登輝表示「雖不滿意，但可以接受」，被認為「點出了『務實外交』的基本精神」。90年代中期，李登輝的地位日益穩固，在國際上全面推行「務實外交」政策，出訪更加頻繁。1994年2月9日至16日春節期間，李登輝以「渡假外交」的名義出訪「無邦交」的印尼、泰國，途中先在菲律賓的蘇比克灣停留了4小時，先後與菲律賓總統、印尼總統、泰國國王等進行了秘密會談，目的是所謂「強化區域經濟合作」，推行「南向政策」。1994年5月4日至16日，李登輝出訪中美洲的尼加拉瓜、哥斯大黎加和非洲的南非、斯威士蘭等4國，李登輝借出席哥斯大黎加總統菲格雷斯和南非總統曼德拉就職典禮之機，大肆活動，以達到「鞏固邦交」的目的，重點是穩定臺灣與南非的「邦交關係」，這也是李登輝上臺後首度出訪所謂的「邦交國」。1995年4月1日至4日，李登輝展開「沙漠之旅」，訪問了與臺灣「無邦交關係」的阿聯酋和約旦，以加強臺灣和這些「無邦交國」之間的實質關係。李登輝在出訪的過程中強調「中華民國是主權國家」、「以主權國家的身份從事外交」、「元首外交是未來的趨勢」，企圖擠進「APEC」領導人會議，在國際上製造「兩個中國」、「一中一臺」的用心昭然若揭。

而李登輝任內最重要的出訪是1995年6月7日至12日以出席康奈爾大學校友會的名義，對美國的所謂「私人訪問」。在康奈爾大學的歐林講座上，李登輝發表了題為「民之所欲，長在我心」的演

講，大談「臺灣經驗」，鼓吹「雙重承認」。李登輝在返臺後的記者會中，聲稱此次訪美「凸顯了中華民國存在的事實」，是一個「重要的突破」，「中華民國現在最缺少的東西，是一個有主權的國家」。此次李登輝訪美，就是企圖把臺灣作為一個「主權國家」推向國際社會。李登輝訪美是臺灣推行「務實外交」，在國際上製造「兩個中國」、「一中一臺」的高潮，理所當然地遭到了海內外中國人的嚴厲批判。實際上，從1994年開始，李登輝在一年多的時間內，連續出訪4次，竄訪了10個國家，其個人的重要政治目的是借助「務實外交」之名，為其在1996年3月參選連任進行造勢。

李登輝訪美引起了兩岸關係的高度緊張，李登輝似乎放緩了出訪的步伐。然而，1997年在南非宣佈將與臺灣「斷交」之後，臺灣為了防範「多米諾骨牌效應」，鞏固「邦交關係」，李登輝再次「外交出擊」，展開所謂的「太平之旅」。1997年9月4日至19日，李登輝訪問了巴拿馬、洪都拉斯、薩爾瓦多、巴拉圭等4國，與中美洲5國簽署了自由貿易協定，並且擠進了「中美洲區域統合體」，這是李登輝任內最後一次、也是歷時最長的一次出訪活動。李登輝的分裂主義立場變本加厲，在出訪的過程中聲稱：「要進行結束兩岸敵對狀態的談判，最重要的就是要先承認『中華民國』是一個主權獨立國家」，並且用閩南話叫囂：「中共再大，也不會比我老爸大！」

5.不惜血本的「金錢外交」。

臺灣在國際上推行「務實外交」政策，但顯然在客觀上沒有多少籌碼可用。為了「鞏固邦交」、「拓展國際生存空間」，臺灣不惜大肆揮霍納稅人的錢財，以金錢開路，使用公開的或秘密的、合法的或非法的手段，圖謀在國際社會建立其「主權獨立國家」的政治地位。「李登輝的『務實外交』，不管是『建、複交』，還是『參與聯合國』、『元首外交』和『南向政策』，無不與『金錢外

交』相聯繫。」

　　運用合法的經濟手段,透過貸款、投資、捐贈及國際技術合作等方式拓展和鞏固對外關係,是臺灣在「外交」方面長期運用的手段。早在1972年10月,臺灣就成立了「海外技術合作委員會」(海外會),對外派遣農漁業技術團或技術專家,協助培訓技術人員,推廣「臺灣經驗」,透過「國際技術合作」強化與合作國之間的實質關係。1989年10月,臺灣又在經濟部門設立「海外經濟合作發展基金管理委員會」(海合會),編列新臺幣300億元作為對外援助的基金,負責對「邦交國」提供各種貸款和經濟技術援助。90年代中期,隨著臺灣「務實外交」的全面推行,援外業務不斷增長,1995年12月19日臺灣「立法」部門透過了「財團法人國際合作發展基金會設置條例」,並於1996年7月1日裁撤了「海外會」和「海合會」,正式成立「國際合作發展基金會」(國合會),由臺灣「外交部長」擔任董事長,結合官方與民間的資源,專門負責辦理臺灣的對外援助業務,「國合會」初始成立基金約為新臺幣116億元。除了官方編列預算,臺灣也鼓勵民間企業投資「邦交國」,協助鞏固「邦交關係」。

　　20世紀90年代,僅存的幾個重要「邦交國」先後與臺灣「斷交」。為了確保30個左右的「邦交國」,臺灣投入鉅資,爭取「建交或複交」。1991年8月,臺灣為了鞏固與中美洲國家之間的「邦交關係」,由「副總統」李元簇率代表團訪問哥斯大黎加、尼加拉瓜、洪都拉斯3國,出訪2周時間,臺灣的代表團開出了新臺幣24億元的援助經費,連時任「立委」的陳水扁都公開抨擊臺灣是大行「散財外交」。1992年,尼日爾政府面臨嚴重的經濟困難,臺灣許諾給予5000萬美元的援助,以協助尼日爾政府支付拖欠的公務員薪資,從而換取尼日爾與臺灣建立「邦交關係」。1997年花費了3000萬美元爭取與聖多美及普林西比島「建交」。1998年,臺灣承諾提供1億美元的援助以換取馬紹爾群島的「邦交」。對於新獨立國

家，臺灣更是砸下重金爭奪「邦交」。1999年1月，臺灣投入3億美元換取馬其頓的「建交」。1999年6月7日，李登輝宣佈以3億美元援助科索沃重建。

除了公開的、合法的對外援助，臺灣還編列大筆的機密預算用於推行「務實外交」政策。其中包括用於對外遊說活動；用於直接支付給某些國家政客的政治獻金或賄賂款項；用於對外活動的傭金等等。僅1995年為了李登輝訪美，臺灣就花費了450萬美元僱傭凱西迪公關公司為其遊說；支付了250萬美元用於在康奈爾大學設立「李登輝講座」；承諾購買價值12億美元的波音飛機等等，此外還花銷了大筆的公關費用和政治獻金，可以說是用金錢鋪就了李登輝訪美的「黃金之路」。

6.大力鼓吹「南向政策」。

隨著20世80年代末90年代初兩岸關係的緩和，兩岸經貿關係日益密切，尤其是在90年代初掀起了臺商投資大陸的熱潮，截至1993年底，臺商投資大陸達19000多項，協定投資金額已接近200億美元，僅1993年臺商投資大陸就達到了10948項。這使得推行分裂主義路線的臺灣深感憂慮，為了降低對大陸市場的依存度，也為了提升與東南亞國家之間的實質關係，企圖擠進東南亞集體安全體系，臺灣開始鼓吹和推動「南向政策」。以經濟合作為核心的「南向政策」，其主要目標是臺灣企圖透過建立雙邊經貿關係，進而擴展多邊的對外關係，甚至建立區域安全體系。1993年下半年臺灣提出「南向政策」，臺灣經濟部門為此專門設立了「南向專案小組」，1993年11月9日，臺灣經濟部門發表「南進投資政策」說帖，認為「南向政策」是「為了避免對大陸過度集中的風險，將統合國內業者在海外投資的資源，以進行整體性的海外投資策略。而東南亞地區因為資源豐富、勞力充沛、土地低廉等條件，所以成為此一策略考量下的目標地區」。

1994年到1996年，臺灣推出了第一輪「南向政策」。1994年1月，臺灣經濟部門核定《加強對東南亞地區經貿工作綱領》，作為南向政策的具體工作計畫，其要點是：（1）調查研究東南亞地區經貿動態及研究相應對策措施；（2）擴大對東南亞雙邊貿易，包括鼓勵廠商在東南亞各國建立行銷據點；（3）加強雙邊投資及技術合作，推動臺灣與東南亞廠商建立策略性聯盟，促請東南亞國家建立臺商投資服務中心；（4）有效增進雙邊經貿實質關係，包括運用海合基金加強經貿關係。1995年，臺灣將「南向政策」實施範圍從東盟6國擴大到南亞的印度、巴基斯坦、孟加拉、斯里蘭卡，以及緬甸、寮國、柬埔寨等7國。第一輪的「南向政策」在一定程度上推動了臺商對東南亞的投資，臺商對東南亞投資的比重從1993年的8.9%提高到1996年的17.3%。1994年至1996年，臺商在東盟6國的投資總額達127.74億美元，超過了臺商在大陸的批準投資總額98.31億美元。第一輪「南向政策」的實施曾在一定程度上抑制了臺灣資本對祖國大陸的投資和促進了臺灣資本向東南亞地區的投資。

　　1998年，臺灣又推出了第二輪「南向政策」。1998年1月，臺灣經濟部門制定了《加強對東南亞及澳新地區經貿工作綱領》，3月臺灣行政部門透過了《加強推動對東南亞經貿合作行動方案》，具體措施包括：（1）緩解臺商融資困難；（2）促進與東南亞國家的雙邊貿易；（3）加強推動往東南亞地區的投資；（4）透過國際合作增進東南亞地區的金融穩定。臺灣推動的第二輪「南向政策」原定實施至1999年底，但是受到東南亞金融風暴的衝擊，以及東南亞各國政局動盪的影響，加上印尼發生排華暴亂，使臺灣推動的第二輪「南向政策」到1998年9月就被迫草草收兵，以失敗告終。

（三）臺灣「務實外交」的本質與效果

李登輝任內積極推行「務實外交」政策，其本質是李登輝分裂主義路線的體現，客觀上嚴重危害了兩岸關係，理所當然地遭到中國政府和中國人民的堅決反對。1993年中國政府發表的《臺灣問題與中國的統一》白皮書中指出：「近幾年，臺灣在國際上竭力推行所謂『務實外交』，謀求同一些與中國建交的國家發展官方關係，推行『雙重承認』，達到製造『兩個中國』、『一中一臺』的目的。對此，中國政府堅決反對。」實際上，「務實外交」的推行也並沒有給臺灣的對外關係和國際活動空間帶來多少效用，臺灣在「外交」上的困境日益嚴重，「務實外交」的推行也越來越困難。

　　1.臺灣「務實外交」政策的本質是李登輝分裂主義路線的體現。

　　臺灣把推動「務實外交」政策的基本目標確定為7個方面：「一、捍衛國家主權及國際法人地位。二、爭取國際生存與發展空間，增進國家安全與經貿利益。三、確保兩千三百萬人民之民主、自由、繁榮與尊嚴。四、維護旅外國人及僑民權益，爭取僑社僑團向心。五、促進區域和平、安全與合作發展。六、善盡國際責任，回饋國際社會。七、經由兩岸先後的民主化、法制化與現代化，營造有利於創造民主、自由、均富新中國之國際環境」。臺灣把所謂「捍衛國家主權及國際法人地位」放在「務實外交」目標的首位，可見其核心是要在國際社會突破「一個中國」框架和凸顯臺灣「主權獨立國家」的地位。

　　在20世紀90年代初，臺灣還極力為「務實外交」辯護，認為「務實外交」的手段與「國家統一」的目標並不矛盾，甚至認為「務實外交是確認『一個中國』國策的前瞻性、開創性的做法」。但是隨著時間的發展，李登輝分裂主義的政治面目日益暴露，臺灣「務實外交」的政治本質也越來越為世人所認識。

　　第一，「務實外交」政策建立在所謂兩岸「分裂分治」的理論

基礎之上。

　　由於兩岸關係的特殊性，臺灣的「外交政策」與大陸政策是密不可分的。李登輝推行「務實外交」政策，建立在兩岸「分裂分治」的分裂主義理論基礎之上。首先是放棄了蔣氏父子長期堅持的「漢賊不兩立」的「一個中國」的主張；其次要求承認兩岸「分裂分治」的現狀，必須確認「中華民國在臺灣」和「中華人民共和國在大陸」的事實；最終透過重新定位兩岸關係，在國際上突出海峽兩岸對等的政治地位。

　　第二，「務實外交」的目的是在國際上凸出「中華民國是主權獨立國家」的政治地位。

　　由於國際社會對於「一個中國」的認同日益普遍，越來越多的國家承認「中華人民共和國政府是代表全中國的唯一合法政府」，使得臺灣在爭奪中國代表權的鬥爭中處於明顯的下風。臺灣開始放棄了與大陸爭奪中國代表權的政策，要求以「中華民國在臺灣」的身份在國際社會確立其政治地位，在國際上宣揚「中華民國是主權獨立國家」。1990年9月，李登輝在接受美國記者訪問時表示：「中華民國是一獨立主權國家，雖然在國際上受到中共刻意的孤立與打擊，但並不能否定我們的成就與存在的事實，我們自應以更積極、務實的態度，突破現局，開創新境。」為了突顯「中華民國」的存在，李登輝透過推行「務實外交」，頻繁在國際上宣揚「中華民國在臺灣」、「在臺灣的中華民國」、「中華民國是主權獨立國家」等等分裂主義言論。

　　第三，「務實外交」客觀上造成「兩個中國」、「一中一臺」的混淆視聽的惡果。

　　臺灣的「務實外交」政策，以彈性、務實為藉口，不斷挑釁中國政府堅持的「一個中國原則」，企圖在雙邊關係上實現「雙重承認」，在國際組織中達成「雙重代表權」，客觀上將造成「兩個中

國」、「一中一臺」的事實。「務實外交」政策與祖國統一的進程背道而馳，引起了兩岸關係的緊張與對立，使海峽兩岸在國際社會的鬥爭日益激烈，嚴重損害了臺海地區和亞太地區的和平穩定，違背了海峽兩岸中國人的利益。

2.「務實外交」並沒有給臺灣的對外關係和國際活動空間帶來多少效用。

20世紀90年代，臺灣不遺餘力推行「務實外交」政策，企圖實現「外交突破」，但實際上並沒有給臺灣的對外關係和國際活動空間帶來多少效用。臺灣砸下重金，拉攏了一些小國與其建立「邦交關係」，使其「建交國」大致保持在29國左右，但較為重要的幾個國家在90年代均先後與臺灣「斷交」，其中包括1990年7月沙烏地阿拉伯與臺灣「斷交」、1992年8月韓國與臺灣「斷交」、1997年12月底南非與臺灣「斷交」，臺灣所剩的「建交國」大多為中美洲、非洲和大洋洲的小國，依賴「金錢外交」加以維繫。隨著大陸綜合實力的增強，國際影響力的上升，臺灣的「金錢外交」難以為繼，必然面臨日益艱困的「邦交」處境。

表3：臺灣「邦交國」變化情況（1988年-2000年）　單位：個

年份	「邦交」數	「建交國」	「斷交國」
1988 年	22		烏拉圭
1989 年	26	巴哈馬、利比里亞、格林納達、貝里斯	
1990 年	28	幾內亞比索、賴索托、尼加拉瓜	沙特阿拉伯
1991 年	29	中非	
1992 年	29	尼日	韓國
1994 年	29	布吉納法索	賴索托
1995 年	30	甘比亞	
1996 年	30	塞內加爾	尼日
1997 年	29	聖多美普林西比、查德	巴哈馬、南非、聖露西亞
1998 年	27	馬紹爾群島	中非、幾內亞比索
1999 年	29	馬其頓、帛琉	

資料來源：臺灣淡江大學國際事務與戰略研究所2004年吳宛玲碩士論文《「李登輝總統務實外交」政策之研究（1988-2000）》，第78、109頁。

臺灣參與的國際組織和國際活動以民間組織和民間活動為主，雖然臺灣把「務實外交」的重點放在爭取參與政府間國際組織和政府間國際活動方面取得突破，但是由於臺灣堅持分裂主義政治路線，臺灣參與政府間國際組織的活動遭到中國政府和中國人民的堅決反對，尤其是連續挫敗了臺灣企圖「加入聯合國」和「加入世界衛生組織」的分裂主義活動。20世紀80年代末，臺灣參與的政府間國際組織有10個，到2000年臺灣參與的政府間國際組織僅增加為16個，包括：亞洲開發銀行（ADB）、中美洲銀行（CABEI）、國際棉業諮詢委員會（ICAC）、國際畜疫會（OIE）、亞洲生產力組織（APO）、亞非農村發展組織（AARDO）、亞太糧食肥料技術中心（FFTC／ASPAC）、東南亞中央銀行總裁聯合會（SEACEN）、國際種子檢查協會（ISTA）、亞洲蔬菜研究發展中心（AVRDC）、亞太科技合作協會（ASCA）、亞洲稅務管理暨研究

組織（SGATAR）、亞太經濟合作（APEC）、亞洲選舉官署協會（AAEA）、亞太防制洗錢組織（APG）及國際防制洗錢組織（艾格蒙聯盟，EgmontGroup）等。另外較為重要的是，1995年1月1日世界貿易組織（WTO）成立後，1月31日給予臺灣觀察員身份，12月1日臺灣進而申請加入世界貿易組織。

表4：臺灣參加國際組織及其國際活動統計（1991年—2000年）

年份	國際組織(個) 總計	政府間	民間	國際會議(次) 總計	政府間	民間	國際活動(次)
1991年	779	10	769	2346	23	1323	155
1992年	793	12	781	1277	63	1214	140
1993年	819	12	807	1385	80	1305	63
1994年	864	12	852	1212	113	1099	67
1995年	905	12	893	1101	112	989	64
1996年	922	13	909	1454	149	1305	525
1997年	930	13	917	1501	133	1368	514
1998年	959	16	943	1386	112	1274	494
1999年	978	16	962	1330	101	1229	313
2000年	1004	16	988	1569	127	1442	506

資源來源：臺灣「外交部」編印：「中華民國九十年外交統計年報」第66、67頁。

3.「務實外交」理所當然地遭到大陸的堅決反對。

李登輝主導下的臺灣推行的「務實外交」政策，是分裂主義路線的重要表現。臺灣的「務實外交」政策，從一開始就遭到中國大陸的堅決反對。早在1989年，大陸方面就明確指出：「臺灣推行所謂『彈性外交』（或『實質外交』），搞『雙重承認』，製造『兩個中國』或『一中一臺』的圖謀是絕對不可能得逞的。」1995年1月，江澤民同志在《為促進祖國統一大業的完成而繼續奮鬥》的講話中明確指出：「我們反對臺灣以搞『兩個中國』、『一中一臺』為目的的所謂『擴大國際生存空間』的活動。」

1995年6月，李登輝不顧海內外中國人的反對，執意訪問美國，並在康奈爾大學發表演講，鼓吹分裂。祖國大陸對李登輝的言行展開了系統而嚴厲的批判，指出：「李登輝的『拓展國際生存空

間』，顯然與一個中國的原則背道而馳，與海峽兩岸走向和平統一的目標背道而馳，與人們維護亞洲與世界和平的願望背道而馳。這樣的『拓展國際生存空間』，當然是我們堅決反對的。」「務實外交」挑釁了「一個中國原則」，破壞了臺海和平，危害了兩岸關係，阻礙了祖國統一的進程，也損害了臺灣同胞的實際利益，得不到海內外中國人的支持。「務實外交」是沒有前途、沒有出路、必然挫敗的政策。

　　事實上，在反對臺灣在國際上製造「兩個中國」、「一中一臺」的活動的同時，祖國大陸也充分理解臺灣同胞參與國際活動的需求，對於臺灣同外國之間的民間往來和經濟、文化交流不持異議。「按照國際法，一個主權國家只能有一個中央政府代表這個國家。臺灣作為中國的一部分，它在國際上無權代表中國，不能與外國建立健全外交關係和發展具有官方性質的關係。但考慮到臺灣經濟發展的需要和臺灣同胞的實際利益，對臺灣同外國的民間經濟、文化往來，中國政府不持異議。」

第二節　李登輝推動臺灣「憲政體制」改革

　　20世紀80年代以後，台灣外的政治環境發生急劇的變化。中美正式建交使臺灣陷入空前的「外交」困境。台灣民主運動風起雲湧，國民黨當局不得不開始推動政治革新，臺灣開始進入了多黨政治的時代。蔣經國去世後，李登輝成為臺灣的執政者，為了鞏固和擴大權力，李登輝借助民進黨的力量，開始推動臺灣的「憲政改革」。

（一）20世紀80年代以來臺灣社會要求政治改革

的呼聲日益高漲

　　由於國民黨政權退據臺灣之後，為了維持所謂的「中華民國法統」，停止了所謂「中央民意代表」的改選，也解除了「總統連選連任只能兩屆」的限制，造成了「萬年國代」、「資深立委」、「終身總統」的弊病，引起了臺灣民眾的普遍不滿。要求「中央民意代表全面改選」成為20世紀70年代末以來臺灣黨外民主運動的重要政治訴求，在臺灣社會產生了巨大的號召力。1978年10月，黃信介等人組織成立「臺灣黨外人士助選團」，10月31日，臺灣黨外人士助選團公佈「臺灣黨外人士共同政見」，提出了「十二大政治建設」的主張，其中第一條就提出了「中央民意代表全面改選、省市長直接民選、軍隊國家化、禁止派黨工控制學校、開放報紙雜誌、開放黨禁」等主張。1983年12月，在「增額立委選舉」過程中，黨外人士以「1983年黨外人士競選後援會」為名提出了10條共同政見，其中提出了「廢止臨時條款、解除戒嚴令、全面普選中央民意代表、省市長民選」等主張，將鬥爭的矛頭直接指向了臺灣的「憲政體制」。1986年9月，民進黨成立，發表了包括「基本綱領」、「行政綱領」、「競選綱領」三個部份的黨綱，在「基本綱領」中，民進黨提出了對「民主自由法政秩序」的系統論述，要求臺灣貫徹保障人權、人民主權、分權與制衡、政黨政治、政治自由的原則；在「行動綱領」中，民進黨明確主張「取消黨禁、解除戒嚴、廢止臨時條款、全面改選中央民意代表、省市長民選」等主張；在12條「競選綱領」中，民進黨更加明確地提出「立即解除戒嚴、廢止臨時條款、中央民意代表全面改選、總統直接民選、省市長直接民選」等要求。在反對力量的呼聲和臺灣民眾的壓力下，國民黨被迫加快政治革新的步伐，宣佈自1987年7月15日零時起，解除臺灣地區長達38年的「戒嚴」。但是金門、馬祖地區仍然遲至1992年11月7日零時起才「解除戒嚴」，結束長達36年的所謂「戰地政

務」。

隨著民進黨的成立，要求「國會全面改選」的呼聲越來越高。1987年11月15日，民進黨在臺北龍山寺舉辦「民主聖火長跑、國會全面改選」活動，展開了環島接力長跑的「國會全面改選」運動。1987年12月25日，國民黨當局舉行「慶祝行憲40週年」大會，民進黨趁機發起要求「萬年老賊下臺、國會全面改選」的大型示威活動，指責代表國民黨「老法統」的共有1190人，「這些人的平均年齡都在76歲以上。有的人需使用輪椅，有的人要用心律調整器，有的人要提尿袋，有的人只能身在病床上打點滴。」民進黨動員了5萬群眾包圍臺北市中山堂，造成臺北市西門町南北鐵路中斷數小時。

1988年，李登輝繼任「總統」後表示要繼續推動政治革新。民進黨則繼續推動「國會全面改選」運動，給國民黨當局施加壓力。3月29日，民進黨發動群眾在臺北市舉辦「三二九國會改選聖火慢跑活動」，動員各地支持者數千人參加，與警方發生激烈衝突。12月25日，民進黨在臺北新公園舉辦了「國會全面改選、百萬人簽名」誓師大會。1989年1月13日，民進黨中央黨部舉辦「國會全面改選、百萬人簽名運動」。在反對黨和民意的壓力下，1989年1月20日，臺灣「立法院」三讀透過「動員戡亂時期人民團體法」，承認了反對黨的合法地位。國民黨當局被迫採取優撫的方式勸退「資深民代」，1月26日，臺灣「立法院」透過了「第一屆中央民意代表自願退職條例」，從3月1日開始，「資深民代」可以辦理自願退職，每人最高可領新臺幣546萬元退職金。由於「資深民代」的退職待遇優厚，引起民進黨的不滿，批判「資深民代」是「老賊」。1989年1月29日，民進黨舉辦了「國會全面改選、萬年老賊下臺」的示威遊行活動。

雖然國民黨當局為了勸退「資深民代」編列了優厚的退職金，

但是仍有相當多數的「資深民代」處於觀望狀態，或不願退職。1990年2月，國民黨內主流派與非主流派為了爭取「總統、副總統」職位掀起「二月政爭」。3月，「資深國代」利用選舉「總統、副總統」的機會要求增加出席費，要求擴大職權，要求「國大」每年集會一次行使創制、複決權，並且提案修改「臨時條款」，引起了臺灣社會各界的強烈反對。3月13日，「國大」第一審查委員會一讀透過了「臨時條款修正案」，將現任「增額國代」任期延長為九年，並且規定「國大每年自行集會一次」。3月14日，近百名臺大學生組成「臺大學生民主行動聯盟」，到國民黨中央黨部抗議，要求「立即解散國民大會，召開制憲會議」。3月16日，臺大學生開始在臺北「中正紀念堂」靜坐抗議，17日，參加靜坐的學生不斷增加，擴及臺灣各大專院校，部份臺大教授也發起罷課行動。18日，參加靜坐的臺灣大專院校學生明確提出了「解散國民大會、廢除臨時條款、召開國是會議、訂定政經改革時間表」四大訴求。3月19日，部分靜坐學生發起絕食行動。3月20日，靜坐學生增加到5000人左右；同一天，李登輝指示李煥、蔣彥士、李元簇、宋楚瑜成立「國是會議」先期籌備小組。3月21日上午，李登輝由「國民大會」選舉為第八任「總統」，當天國民黨中常會透過了李登輝有關結合社會賢達、政黨人士、學者專家等召開「國是會議」研討「憲政體制、政治革新、國家統一」等問題的提議。同時，靜坐學生在「中正紀念堂」廣場樹起一支象徵「三月學運」自主性、草根性、純潔性精神的野百合花。3月21日晚，李登輝會見學生代表，承諾將在就職前後召開「國是會議」，並將在「就職演說」中提出政改時間表和公開表揚學生。3月22日下午，靜坐學生全部撤離「中正紀念堂」，號稱「野百合運動」的三月學潮和平落幕。在各界的反對聲中，「國大代表」未敢透過「國大」自肥性質的「臨時條款修正案」。3月30日，「國大」閉幕，李登輝在致詞中表示：「我們的國土不容分裂，我們統一中國的目標，尤不容動

搖。」

（二）「國是會議」的召開

在三月學潮的壓力下，李登輝推動召開「國是會議」，並且藉機打壓黨內非主流派，鞏固其政治地位。國民黨當局成立了25人組成的「國是會議籌備委員會」，由「總統府資政」蔣彥士任召集人，施啟揚任秘書長，董世芳、邱進益、馬英九擔任副秘書長；國民黨黨內還成立了「國是會議研究小組」，由中常委林洋港、李煥擔任共同召集人。對於是否參加「國是會議」，民進黨內是有矛盾的，美麗島系主張參加，新潮流系表示反對。1990年3月26日，民進黨中常會針對「國是會議」提出三項決議，要求「國是會議」籌備委員名額按比例分配，主張：「對於中央民意代表退職、省市長民選、終止戡亂時期、廢除臨時條款、釋放政治犯、廢除黑名單等問題，朝野已有共識，只須訂出實施時間表立即著手施行，不須在國是會議中再討論。」4月2日，李登輝與民進黨主席黃信介會面，黃信介不僅推崇李登輝「英明」，而且強調：「民進黨絕對願意善盡責任，全力促成國是會議的順利成功」。李登輝則明確承諾有關「憲政改革」的主要目標「應可在兩年內完成」。4月3日，李登輝選聘了蔣彥士、黃信介等25人為「國是會議」籌備委員。但在此同時，民進黨公佈了秘書處主任鄭寶清起草的「臺灣基本法草案」全文，一方面迴避了統「獨」議題，另一方面提出了民進黨的「憲政改革」主張，包括「採取總統制、單一國會制」，主張重定臺灣地方制度，將臺灣地區重新劃分為5省及2市等。1990年6月2日，民進黨中執會在美麗島系的堅持下，決議推派代表參加「國是會議」，但是，民進黨主張全面「制憲」，徹底改變「中華民國」的「法統」。此後，民進黨提出了「民主大憲章」草案，並在6月20日的民進黨中常會中透過，作為民進黨參加「國是會議」的「憲政改

革」方案。

　　1990年4月14日至6月23日,「國是會議」籌委會先後召開了8次會議。4月11日,「國是會議」籌委會召開了第一次會議,確定了「國是會議」召開的具體時間及地點。4月21日,「國是會議」籌委會召開了第二次會議,確定了「國是會議」研討的五大議題:「(1)國會改革問題;(2)地方制度問題;(3)中央政府體制問題;(4)憲法(含臨時條款)之修訂方式有關問題;(5)大陸政策與兩岸關係問題。」4月27日,李登輝首度就「憲改」問題發表意見,認為「憲法代表中華民國精神之所在,絕不能作大變動,只能小幅修訂」;「憲法本文不宜動,可修改臨時條款,並改變一個形式,列在憲法本文之後,成為憲法的附加條款」。5月5日,「國是會議」籌委會召開了第三次會議,透過了「國是會議出席人推薦辦法」,將出席人數確定為120人;5月6日,又透過了「國是會議議事規則及國是會議日程表」,決定會議原則上採取「廣泛發言、紀錄異議,不表決」的方式進行。5月19日,「國是會議」籌委會召開了第五次會議,確定了94位出席人名單。6月13日,「國是會議」籌委會召開了第七次會議,正式公佈了150位出席人名單。為了擴大「國是會議」的民意基礎,臺灣還透過設置「國是信箱」及「國是熱線電話」、辦理民意調查以及舉辦分區座談、學者座談、海外座談、青年座談等形式廣泛徵求各界意見。

　　1990年5月20日,李登輝宣誓就任「第八任總統」,在就職演說中,李登輝表示:希望「能於最短期間,依法宣告終止動員戡亂時期。同時,參酌多年累積的行憲經驗與國家當前的環境需求,經由法定程序,就憲法中有關中央民意機構、地方制度及政府體制等問題,作前瞻與必要的修訂」,「以兩年為期,促其實現」。1990年6月21日,臺灣的「司法院大法官會議」作出「釋字第261號」解釋文,認為:「為適應當前情勢,第一屆未定期改選之中央民意代表除事實上已不能行使職權或經常不行使職權者,應即查明解職

外,其餘應於中華民國八十年十二月三十一日以前終止行使職權,並由中央政府依憲法之精神、本解釋之意旨及有關法規,適時辦理全國性之次屆中央民意代表選舉,以確保憲政體制之運作。」至此,深為臺灣社會所批評的「資深中央民意代表」退職問題得以解決。

1990年6月28日,「國是會議」在臺北圓山大飯店揭幕,李登輝在開幕致詞中表示:「本次國是會議即以『健全憲政體制』及『謀求國家統一』為兩大目標」。「我們深知,憲政改革是突破當前發展瓶頸的關鍵,中國統一則是所有中國人一致的願望。登輝確信,憲政必須改革,也必將改革;中國必須統一,也必將統一。」會議舉辦前許多學者退出了會議,實際報到參加會議的有141人,臺灣輿論認為會議本身已經為國民黨和民進黨所操縱,演變成為以李登輝為首的國民黨主流派與民進黨內部分勢力聯手對付國民黨非主流派的會議。「國是會議」共舉行了6天,至7月4日閉幕。在會議過程中,各種政治勢力進行了激烈的爭辯,國民黨主張「修憲」,民進黨主張「制憲」;「制憲」派又分為主張制定「民主大憲章」和制定「中華民國基本法」兩種不同意見。最後,「國是會議」總結出了關於大陸政策問題、關於「憲法修訂問題」、關於「國會改革」問題、關於體制問題、關於地方制度問題的5份報告。在「憲改」問題上,會議達成了第一屆「中央資深民意代表」全部退職;終止「動員戡亂時期」,廢止「臨時條款」;修改「憲法」;「總統」民選;省市長民選等重要共識。

(三)「一機關兩階段修憲」

1990年7月,「國是會議」結束後,國民黨內第一次成立「憲政改革策劃小組」,由李元簇擔任召集人,負責研擬「修憲」方案和推動「憲改」。「憲政改革策劃小組」還分設「法制」與「工

作」兩個分組，分別由「司法院長」林洋港與「總統府資政」邱創煥擔任召集人。在此同時，民進黨卻相對應地成立了「制憲運動委員會」，由時任黨主席的黃信介擔任召集人，政策研究中心主任黃煌雄擔任執行長，目的是推動「國是會議」共識的落實，宣揚民進黨的「制憲」主張。1990年9月10日，李登輝在與黃信介的密談中保證在一年內宣告終止「動員戡亂時期」；12月25日，李登輝在「行憲紀念大會」致詞中表示將「在明年5月間宣告終止動員戡亂時期」。國民黨當局希望透過終止「動員戡亂時期」，一方面，維護內部的政治穩定，實現「憲政體制、法律體制」的正常運作；另一方面，緩和兩岸關係，結束兩岸在法律上的「敵對狀態」，推動兩岸關係正常化的進程。

1991年1月7日，國民黨「憲改策劃小組」決議採取「一機關兩階段修憲」的方式，在「憲法」本文之後修訂「憲法增修條文」，並且決定在4月中旬召開「國大臨時會」。所謂「一機關兩階段修憲」，一機關即「國民大會」，兩階段即：第一階段先由第一屆「國大」召開臨時會，進行「程式性修憲」，賦予第二屆「國大」選舉和「修憲」的法源；第二階段由選舉產生的第二屆「國大」進行「實質性修憲」。但是國民黨內非主流派李煥、林洋港、梁肅戎、蔣緯國等人主張「一機關一階段修憲」；「資深國代」邱增鑒等人組成的「護憲委員會」也公開與國民黨中央對抗，試圖推翻「釋字第261號」解釋文；民進黨則堅決反對「資深國代」參與「修憲」，還成立了「保衛臺灣委員會」，以監督「憲政改革」與兩岸關係的發展。為了緩和國民黨內非主流派及其「資深民代」對於李登輝試圖走「獨臺」路線的疑慮，臺灣把「憲政改革」與國家統一相互聯結，認為「憲政改革是為國家統一打下堅實的基礎。」1991年1月21日，國民黨秘書長宋楚瑜在與「資深國代」座談中，公開了國民黨對於「憲改」確定的五項基本原則，即：「一、堅持中華民國法統，也就是維護中華民國憲法；二、堅持中國統一的基

本政策；三、維護五權憲法的基本架構；四、堅持修憲而不制憲；五、中華民國憲法本文不動，訂定增修條文。」2月23日，臺灣「國家統一委員會」又透過了「國家統一綱領」。

　　1991年2月26日，李登輝頒佈了「國民大會臨時會議召集令」，確定在1991年4月8日召開「第一屆國民大會第二次臨時會議」。3月27日，國民黨中常會透過了由「憲改策劃小組」起草的九條「中華民國憲法增修要點」，作為國民黨籍「國大代表」參與「修憲」的依據。1991年4月8日，第一屆「國民大會」第二次臨時會在陽明山中山樓正式召開，明確主要兩項任務：修訂「憲法增修條文」和廢止「動員戡亂時期臨時條款」。1991年4月16日，民進黨退出「國大臨時會」，4月17日，民進黨發動了2萬多名支持者走上臺北街頭遊行示威，高呼「反對老賊修憲」的口號。然而，在國民黨中央的強力主導下，4月22日「國大臨時會」完成「修憲」的三讀程式，透過了「中華民國憲法增修條文」，並廢除「動員戡亂時期臨時條款」。4月24日，「第一屆國民大會第二次臨時會」閉幕，李登輝表示「達成了憲政改革的階段性目標」。

　　1991年4月30日，李登輝正式公佈10條「憲法增修條文」，同時公告終止「動員戡亂時期」，廢止「動員戡亂時期臨時條款」，自1991年5月1日零時起生效，臺灣終於結束了長達40多年的「動員戡亂體制」。第一階段「修憲」的主要內容包括：規定「中央民意代表」選舉的方式；確認第二階段「修憲」的時程；修改「總統」發佈緊急命令的程式；保留「國安會」、「國安局」、「人事行政局」三機關的法源；確立制定兩岸關係法律的依據等。李登輝在記者會中表示：「我們今後將視中共為控制大陸地區的政治實體，我們稱它為大陸當局或中共當局。」

　　第一階段「憲改」完成後，1991年8月，國民黨中央第二次成立「修憲策劃小組」，推動第二階段「憲改」，由李元簇擔任召集

人，下設研究和協調兩個分組，分別由施啟揚和蔣彥士擔任召集人。國民黨也展開了「國代候選人」的黨內提名作業，李登輝對國民黨內提名人表示：「第二階段的修憲工作是否能如期如計的完成，就要取決於各位是否能在年底國大的選舉中，爭取到3/4以上的席次」。11月13日，國民黨中常會透過了「第二屆國民大會代表選舉中國國民黨候選人共同主張」，列出了15項具體的主張，包括「我們主張『修憲』而不『制憲』；我們主張修改現行總統選舉方式，以充分表達民意；我們主張省長、直轄市長直接民選」等等。1991年8月，在民進黨主導下舉辦了所謂的「臺灣人民製憲會議」，透過了「臺灣憲法草案」，以「臺灣共和國」為「國號」，並且隨後被民進黨中常會列為肩負「修憲」責任的第二屆「國代」黨籍候選人的共同政見。

　　1991年12月21日，臺灣地區舉辦了第二屆「國代」選舉，共有18個政黨、637名候選人參與角逐325席「國代」名額。選舉結果，執政的國民黨獲得大勝，贏得了254席，得票率為71.14%；民進黨獲得了66席，得票率為23.94%。加上「增額立委」席次，國民黨在第二屆「國大」中佔有絕對優勢，總席次為318席，席次佔有率為78.9%，超過了「二屆國大」總席次403席的四分之三的多數，完全主導了第二階段「修憲」的方向。根據「司法院大法官會議」第261號解釋，1991年12月31日，佔據職位達43年之久的「第一屆資深中央民意代表」全部退職，在臺灣社會長期引起爭議和不滿的「萬年國會」問題得以解決。

　　「總統」選舉方式是第二階段「憲改」爭議的焦點。國民黨最初傾向於「委任直選」，而民進黨主張「公民直選」。所謂「委任直選」是指由選民委託「國代」投票產生「總統」，而「公民直選」是指由選民直接投票選舉產生「總統」。1992年3月，李登輝推翻了國民黨內「修憲策劃小組研究小組」提出的「委任直選總統」的方案，導致非主流派主張「委任直選」與主流派主張「公民

直選」的矛盾激化。3月初國民黨「修憲策劃小組」針對「總統選舉方式」展開了多場激烈的爭辯，國民黨主流派大多支持「公民直選」，國民黨非主流派的郝柏村、李煥、邱創煥、梁肅戎、蔣緯國、俞國華、許曆農、何宜武等人主張「委任直選」。非主流派認為「總統選舉方式攸關國家認同」，質疑「公民直選缺乏全中國代表性，並有附和民進黨主張之嫌」。蔣緯國認為「臺灣選出的總統不能代表全中國，總統直選與宣佈臺獨無異」，因此他反對「公民直選制」；而梁肅戎則認為「臺灣的政治情況特殊，公民直選等於舉行公民投票，今後中華民國就僅以臺灣為訴求目標」。由於主張「委任直選」與「公民直選」的雙方旗鼓相當，國民黨「修憲策劃小組」在李登輝的指示下把「公民直選」和「委任直選」以兩案並陳方式提交國民黨中常會核定。3月9日，國民黨臨時中常會針對「總統選舉方式」展開了長達7個半小時的辯論，主張「委任直選」和「公民直選」的雙方依然爭辯不休，「總統」選舉方式成為國民黨流派之間權力鬥爭與路線鬥爭的重要議題，染上了流派之爭、權力角逐、統「獨」分歧、省籍矛盾的濃厚色彩。

　　1992年3月14日至16日，國民黨舉行「十三屆三中全會」，黨內的「委任直選派」與「公民直選派」產生了嚴重的分歧，進行了激烈的辯論，15日雙方進行了長達8個半小時的爭辯。主張「委任直選」的李煥指出：「委任直選具有極重大的政治意義――就是維持五權體制與全中華民國總統的意義。」他認為：堅持「修憲」有兩個基礎必須肯定：「修憲有二個基礎必須肯定：第一，中國只有一個，就是中華民國；第二，憲政體制的五權架構要維持，帶回大陸再大幅修改。」邱創煥也強調：「民進黨主張公民直選，其步驟就是進一步要廢除國大，選出臺灣的總統，和中華民國切斷關連。」在非主流派聲勢浩大地反對下，主流派不敢強行表決。為了暫時平息黨內爭議，國民黨不得不作出妥協，「十三屆三中全會」透過的「憲法增修條文增訂要點」和「對第二屆國民大會臨時會代

表同志政治任務之提示修正案」,就討論和爭議最多的「總統選舉方式」作出決議:「應由中華民國自由地區全體選民選舉之,其方式應依民意趨向,審慎研定,自中華民國85年第九任總統、副總統選舉施行。」顯然,國民黨採取了調和矛盾的態度,對「公民直選」與「委任直選」未作定論。

根據第一階段「修憲」的結論,1992年3月20日,第二屆「國大」召開第一次臨時會。雖然民進黨在會場內外不斷地進行暴力抗爭,發動了「419大遊行」,提出「總統直選」等訴求,5月4日民進黨「國大黨團」甚至宣佈退出「修憲」;「臺灣教授協會」也在5月24日舉辦了「廢國大、反獨裁」大遊行,宣揚所謂「制定新憲法」的主張。但是,國民黨仍在5月27日主導完成「修憲」三讀,透過「憲法增修條文」第11-18條。第二階段「修憲」的主要內容包括:「國大」與「總統」任期調整為四年;「總統、副總統」從第九任起改由直選產生,但對於「委任直選」或「公民直選」沒有達成共識;「國大」增加人事同意權;「監察院」由準民意機關改為準司法機關,「監察委員」改為「由總統提名,經國民大會同意任命之」;省市長改為民選等等。5月30日,歷時72天的「二屆國大臨時會」閉幕,李登輝在閉幕致詞中保證:「必將依本次會議的精神與共識,對須待繼續研究的各項問題,於適當時期召集國民大會臨時會,再作周詳的討論決定」。

(四)「總統直選」的爭議與1994年7月第三次「修憲」

由於第二次「修憲」未能解決「總統、副總統」選舉方式採取「公民直選」或「委任直選」,國民黨內的主流派與非主流派之間圍繞「總統」選舉方式的鬥爭愈演愈烈,民進黨也積極介入國民黨的流派之爭,在「總統公民直選」的議題上與國民黨內的主流派相

呼應，非主流派在社會輿論的壓力下逐漸放棄了「委任直選」的主張。

由於國民黨內意見分歧，為了穩定黨內團結局面，1992年9月20日，李登輝與國民黨籍「國代」餐敘時提出：「當前重要的課題，不是討論憲法如何修正的問題，而是要如何落實憲法的精神」，「不要年年修憲，成為世界各國的笑柄」。10月5日，國民黨「憲政研究小組」的「策劃小組」召開了第一次會議，主張「國大臨時會任務應單純化，只宜就監察委員提名行使同意權，而不應修憲」。11月，非主流派的「國代」成立「國大松柏聯誼會」，目的是推動「委任直選」。

1993年1月，李登輝在除夕前後的講話中表示：「去年一年中我們最大的成就是完成了憲政的改革」，1993年「是我們全面落實憲政改革的關鍵年」。1993年4月8日，李登輝在會見民進黨籍「國代」時表示：「明年一定要完成憲政改革」。1993年11月16日，李登輝在接受《中國時報》專訪時表示：「現在公民直選已經沒人會反對了」，「總統直選已經是朝野全民的共識」。在李登輝「公民直選」主張的激勵下，民進黨「國大」黨團和「立法院」黨團進一步要求「總統提前直選」，1993年12月8日，國民黨副主席郝柏村在國民黨中常會堅決反對「總統」提前直選及雙首長制。

1993年12月9日，「國安會秘書長」施啟揚公開表示，「維持五權憲法架構」、「結合當前國情需要」、「小幅修憲」是1994年第三階段「修憲」的三項原則；「確定總統選舉方式」、「立委任期改為4年」及「確定總統直選後的政府體制」則是此次「修憲」重點所在。「既是小幅修憲，兩流派之間的修憲爭執便相當有限，最大的差異在於，主流派宣導總統公民直選以及適度縮減行政院長之副署權；而非主流派則主張總統委任直選，並反對縮減閣揆副署權。」1993年12月，國民黨第三次成立「修憲策劃小組」，由李元

簇擔任召集人，施啟揚擔任執行秘書，下設諮詢顧問小組，準備進一步「修憲」；「修憲策劃小組」第一次會議即決定「憲法」本文不動的情況下，以重新修訂「增修條文」的方式進行「修憲」。在國民黨「修憲策劃小組」的十三名成員中，僅郝柏村、林洋港為非主流派人士，主流派已經取得了絕對的主導權。1994年1月21日，國民黨「修憲」諮詢顧問小組開會達成「總統選舉方式以公民直接選舉產生」的共識，並提報「修憲策劃小組」。1994年2月16日，國民黨「修憲策劃小組」經過討論，針對「總統」選舉方式，在「幾乎一致同意」的情況下，作出了支援「公民直選」、採取相對多數當選制的決定，使國民黨內「委任直選」與「公民直選」之爭基本落下帷幕。

　　國民黨「修憲策劃小組」先後召開了11次會議，向國民黨中央提出「修憲」建議方案。1994年4月18日，國民黨召開臨時中常會，討論透過了8條「修憲內容要點」，其間雖然李煥主張「總統、副總統」經公民直選後，應再交由「國大」認可，但未被採納。此後，郝柏村表達了堅決反對削減「閣揆副署權」的態度，新同盟會則支持「總統委任直選」，「避免臺灣地區因為總統直選付出沉重的社會成本，同時避免有心人將政局導向臺獨路線。」而部分國民黨非主流派的「國代」則連署提案，要求「總統不得兼任任何黨職」，明訂「因應國家統一前之需要，臺灣地區不得獨立」。民進黨「國代」則堅決反對「國大設置議長」的方案，認為：「國大設置議長既不符國民大會為非常設機構的本質，也是國民黨為安撫部分黨籍國代的擴權主張，而採取利益交換的惡果」。1994年4月23日至24日，國民黨召開臨時中全會，透過了包括「總統、副總統公民直選」、「縮減閣揆副署權」等七項「修憲案」，被稱為「黨七條」。雖然仍有部分非主流派人士反對「公民直選總統」，但「公民直選」成為國民黨內的主流意見。

　　1994年5月2日第二屆「國大」第四次臨時會召開，主要任務是

「修憲」以及行使「司法院長、副院長和大法官」的人事同意權，李登輝在致詞中表示：「這次修憲，除了憲法增修條文第十二條第二項尚未決定的總統、副總統選舉方式必須處理外，若干民眾關切的或體制實際動作顯示確有需要再補強之處，亦待充分討論，凝聚共識。」雖然民進黨屢屢杯葛抗議，但是在國民黨的主導下，7月29日三讀透過10條「憲法增修條文」。其主要內容包括：「總統、副總統」由選民直選產生，采相對多數當選制；對「總統、副總統」的罷免須由選民投票過半數同意；「國大」設議長、副議長等等。

（五）1997年7月第四次「修憲」

隨著台灣多元化政治的發展，國民黨在「立法院」和「國民大會」的席位下降，國民黨的執政地位受到民進黨和新黨的挑戰。1995年12月臺灣第三屆「立委」選舉之後，「立法院」出現了「三黨實質不過半」的局面，執政的國民黨不僅受到在野黨的強力挑戰，而且受到黨內反對派的牽制。1996年2月1日，第三屆「立委」宣誓就職，在「立法院長」選舉中，民進黨和新黨合作，共同推出民進黨主席施明德、國民黨籍少數民族「立委」蔡中涵搭檔，挑戰國民黨的正副「院長」劉松藩、王金平，國民黨的「立法院長」人選經過三輪投票才以1票優勢保住了「院長」職位。這就是所謂的1996年「二月政爭」。

1996年3月23日，李登輝、連戰當選「正、副總統」。李連就職後，李登輝受到黨內反對勢力的掣肘，只好讓連戰繼續兼任「行政院長」。在野的民進黨和新黨對連戰的「副總統兼行政院長」的身份提出質疑，認為是「違憲」，抵制連戰進入「立法院」作施政報告，抵制預算案的審查，發起了「六月政改」。1996年6月11日，「立法院」以85票對65票表決透過「諮請總統盡速提名行政院

長，並諮請立法院行使同意權」案。1996年12月31日，依據「立委」郝龍斌、張俊雄等人的申請，臺灣「大法官會議」作出「釋字第419號」解釋文，一方面，認為「惟此項兼任如遇總統缺位或不能視事時，將影響憲法所規定繼任或代行職權之設計，與憲法設置副總統及行政院院長職位分由不同之人擔任之本旨未盡相符。引發本件解釋之事實，應依上開解釋意旨為適當之處理。」另一方面，又認為「立法院」6月11日作出的決議「踰越憲法所定立法院之職權，僅屬建議性質，對總統並無憲法上之拘束力。」由於該解釋文模稜兩可，國民黨解讀為「合憲」，在野黨解讀為「違憲」，臺灣朝野政黨之間的對立和紛爭依舊未能化解。

3月份，在「總統」直選的同時，「國大」也進行了改選，選出了第三屆「國大代表」。選舉結果，在334席「國代」中，國民黨獲得183席，占54.8%；民進黨獲得99席，占29.5%；新黨獲得44席，占14.1%；此外，綠黨獲得1席，無黨籍獲得5席。選舉結果不僅使得國民黨無法再單獨主導「修憲」，而且李登輝在激烈的政爭中也無法在「國民大會」作「國情報告」。無論是在「立法院」，還是在「國大」，表現在行政與立法之間的朝野關係陷入政治僵局。「正是在這樣的現實背景下，李登輝為了能順利執政，急於透過『修憲』在政治體制上理順政黨之間的尖銳矛盾，解決『行政院』與『立法院』的僵局，實現政局長期穩定的目的。」

為了化解政治僵局，李登輝在1996年5月20日的「就職演說」中承諾：「將儘快責成政府，針對國家未來發展的重要課題，廣邀各界意見領袖與代表，共商大計，建立共識，開創國家新局。」李登輝極力拉攏民進黨合作「修憲」，7月1日，新任的民進黨主席許信良赴「總統府」與李登輝密談，雙方就合作「修憲」進行了暗中交易。許信良提出「凍省」和政黨補助金的要求與李登輝取消「閣揆同意權」的要求相交換。許信良的作為被民進黨人士稱為「夜奔敵營」，民進黨內許多人對於許信良與國民黨緊密合作的做法不

滿，林義雄還發起了罷免黨主席許信良的活動。

此後，臺灣開始著手規劃，在1996年8月17日成立會議前置工作小組，8月29日由李登輝親自定名為「國家發展會議」。10月，臺灣還組成了多黨派籌備委員會，先後召開了四次會議，決定了「國發會」的三項議題：（1）「憲政體制」與政黨政治；（2）兩岸關係；（3）經濟發展。1996年12月23日至28日，臺灣會集三黨一派代表（國民黨、民進黨、新黨和學者專家以及無黨籍代表）170人召開了所謂的「國家發展會議」，其間27日新黨宣佈退出「國發會」。國民黨與民進黨經過討價還價，達成所謂192項共識，其中「憲政體制」與政黨政治方面有22項，包括取消「立法院」的「閣揆同意權」、凍結省長與省議員選舉、停止鄉鎮市級選舉等「修憲」共識。在臺灣召開「國發會」之前，1996年12月14日至15日，以號稱「臺獨教父」的彭明敏為會長的「建國會」還召開了所謂「臺灣國家發展會議」，用「民間版國發會」的形式和「官方版國發會」互別苗頭，目的是鼓吹「臺獨、制憲」。

在「國發會」上，國民黨與民進黨相互合作，國民黨提出了所謂「改良式混合制」的主張，目的是取消「立法院閣揆同意權」，並且接受了民進黨的「凍省」和停止五項公職人員選舉的要求。「凍省」即「停止省長、省議員選舉」並全面精減省一級機構和職權，停止五項公職人員選舉包括停止「國代」、省長、省議員、鄉鎮市長、鄉鎮市級民代的選舉。「國發會」形成的「凍省」和停止五項公職人員選舉的方案，對國民黨的政治生態及地方派系衝擊最大，省方和地方派系的政治經濟利益得不到保障，所以，從一開始就遭到臺灣省政府、省議會和地方人士的激烈反彈，1996年12月31日，臺灣省長宋楚瑜憤然以辭職表達對「凍省」決策的不滿。1997年3月17日和18日，臺灣省方人士召開了「臺灣省發展會議」猛烈炮轟「國發會」的「凍省」共識，主張保留臺灣省政府及省議會，並且反對取消鄉鎮市長選舉。

1997年5月5日臺灣「國民大會」正式召集會議舉行第四次「修憲」，各種政治勢力圍繞著「修憲」問題展開了激烈的鬥爭。地方政治勢力組成了「反凍省」陣營，臺灣省議會的國民黨黨團串聯新黨及無黨籍省議員連署「反凍省、反廢省共同聲明」，得到「國大」次級團體「祥和會」的聲援。「祥和會」公開挑戰國民黨的黨版「修憲案」，反對「凍省」，反對「國代」由政黨比例產生，質疑7月前完成「修憲」的必要性。1997年6月10日，臺灣315個鄉鎮市代表會的主席、副主席在臺中集會，反對廢除各鄉鎮市民代表選舉。「祥和會」的「國代」有42人，與新黨聯手有可能使「修憲」擱淺，給國民黨中央主導的「憲改」方案造成威脅。為了使「凍省案」能順利過關，國民黨中央軟硬兼施，威逼利誘，一方面，李登輝親自出馬約談「國代」，並動員地方黨部對「反凍省」的「國代」進行勸說；另一方面，祭出黨紀，給「反凍省」最力的「國代」呂學樟停止兩年黨權的處分。由於國民黨的全力圍堵，「反凍省」陣營被瓦解。

　　在「修憲」過程中，國民黨與民進黨也進行了激烈的鬥爭，經過了反反覆覆的多次協商，相互之間討價還價，幾乎陷入僵局。國、民兩黨「國代」最後達成所謂14條「修憲」共識。然而，1997年6月28日，民進黨九人「修憲」協商小組突然拋出「四大堅持」作為底線，內容包括：（1）刪除「解散及倒閣權於立法院新任期第一年內不得行使」的規定；（2）「總統」選舉採用相對多數制；（3）停止五項公職人員選舉應訂落日條款；（4）要求「公投入憲」。其中關鍵的第二條被認為是「陳水扁條款」，陳水扁本人指出「國民黨若不能接受就拉倒」。國、民兩黨經過多次協調，最後達成了「兩階段修憲」的共識，第一階段處理凍省等無爭議性的議題，第二階段再處理「公投入憲」、「總統選制」等爭議性議題。

　　1997年7月18日，在國民黨和民進黨的合作下，歷經兩個多

月,「國大」三讀透過11條「憲法增修條文」,其中的主要內容包括:「行政院長」由「總統」任命,取消「立法院」的「閣揆同意權」;凍結省長、省議員選舉;增列「立法院倒閣權」及「總統」解散「立法院」的設計等等。7月21日,李登輝到「國大」提出「國情報告」,宣稱這次「修憲」的成就「反映了廣大民眾的希望」、「創下了朝野合作的先例」、「為鞏固民主建設,留下亮麗的一筆」。臺灣進行第四次「修憲」的目的是想理順行政與「立法」關係,然而由於「凍省」條款的透過以及「總統」選舉相對多數制的保留,使得國民黨進一步走向分裂,為2000年國民黨的敗選埋下了伏筆。7月24日,「國大」閉幕後,國、民兩黨高層密集會商,在臺北國賓飯店簽署十四項「修憲」協議書,雙方同意將國民黨主張的「總統選制采絕對多數制」與民進黨主張的「公投入憲案」等議題,列為「本屆總統」任滿前再度「修憲」的優先議題,也為李登輝下臺之前再次「修憲」留下了預案。

(六)1999年8月第五次「修憲」和2000年4月第六次「修憲」

由於在第四次「修憲」中未能實現民進黨主張的「公投入憲」的目標,民進黨仍極力推動第五次「修憲」。1998年7月22日,民進黨提出兩階段「修憲」的六大主張:「(1)公民投票入憲;(2)廢除鄉鎮市長及代表選舉;(3)立法委員婦女四分之一參政保障;(4)立法院聽證、調閱權的確立;(5)立法委員任期四年;(6)國民大會代表選舉改為政黨比例代表選舉方式,並逐漸予以廢除國民大會,達到單一國會的目標。」但是民進黨的「修憲」要求遭到李登輝的反對,李登輝認為「今年不是修憲適當時機」、「憲法不必年年修」。1998年8月初「國大」「修憲二讀會」否決了14項「修憲提案」。1998年12月11日,李登輝在「國

大」答覆「國是建言」時承諾「有關國會體制改革的修憲工作將在明年中完成」。此後，部分「國代」提出「總統、國代延長任期」以達成「總統、國代、立委任期一致」的方案，遭到民進黨和新黨的堅決反對，新黨譴責延長「國代」任期無異於「自肥」；民進黨則重申「單一國會一院制、廢除國民大會」的立場。在各界的強烈反彈下，李登輝被迫公開表態「絕對不會修憲延長總統的任期」。

1999年1月4日，時任臺灣「內政部長」的黃主文表示：「單一選區兩票制、公民投票和總統選舉採行絕對多數或相對多數，將是這次修憲的三大議題。」3月初，民進黨成立「憲政改革決策協調會」，研擬黨版「憲改」方案。4月中旬，國民黨成立由23人組成的「修憲策劃小組」，由國民黨副主席連戰擔任召集人。國民黨主張對「公投入憲」明定排除民族自決及統獨議題，民進黨則反對設定排除條款，雙方在「公投入憲」問題上產生較大分歧。1999年4月，陳水扁表示：「舉辦公民投票並不一定要先入憲，也不一定要先有公投法。」「公投入憲是民進黨既定的努力目標，若能入憲最好，但入憲並非公投唯一必要條件。」他主張「公投入憲時絕不能另設排除條款，否則將可能陷入『自己拿石頭砸腳』的困境」。

1999年5月7日，李登輝頒佈「國大」第四次會議召集令，「國大」從6月8日起召集會議進行「修憲」。民進黨認為「今年修憲的首要任務，是從改造國民大會著手，藉以啟動憲政改革的新契機」，民進黨對國民黨提出三項「憲改」主張，即「一廢（廢國大）、二反（反對黨營事業、反對中央集權）、三要（要公投入憲、社會權入憲、婦女四分之一參政保障條款入憲）」。然而，「國大」開議後，國、民兩黨的「國代」不顧兩黨中央的反對，共同提案，將「國代延任案」列為第一號「修憲案」。但是在其它議題上，國、民兩黨「修憲」協商卻未能取得共識，6月29日兩黨動員表決透過「國大」暫停會議一個月，至7月29日復會。

1999年7月9日，李登輝拋出「兩國論」，把兩岸關係定位為「國家與國家，至少是特殊的國與國關係」，並準備進一步分階段「修憲」、修法和廢除「國統綱領」。李登輝暗中授意「國大」議長蘇南成，策劃透過「國大」凍結「憲法」，制定「臺灣基本法」，準備以「兩國論」為基礎進行「修憲」，「確定國家領土範圍為臺澎金馬」。民進黨的「總統參選人」陳水扁也趁機呼應，認為：「既然臺灣、中國是兩國關係，憲法上的國家固有領土和疆域理應配合修正，將臺灣定位為政治實體的國統綱領，亦必須揚棄。」7月14日，國、民、新三黨「國大黨團」邀請學者專家及社會人士共同舉辦「憲改擴大諮詢會議」，針對「兩國論」等議題展開辯論。7月底，「國大」復會後，民進黨「國代」試圖提案要求「國大」決議「中華民國領土為臺澎金馬及其附屬島嶼」，以落實李登輝的「兩國論」，但遭到國民黨的反對。由於「兩國論」在國內外引起軒然大波，引起海內外中國人的高度警惕，遭到中國政府和人民的堅決反對，臺灣不得不表示「沒有所謂制定基本法的問題」，「兩國論沒有入憲的必要」。

　　雖然國民黨中央和民進黨中央都三令五申，極力反對「國代」延長任期，但是多數「國代」出於自身利益考慮，堅持推動「國代延任案」。民進黨高層也有以「國代延任」交換「凍結國大」的聲音，使得民進黨「國大黨團」召集人劉一德的提案，即「國代延任至2002年並改為依政黨比例產生」方案順利列入二讀程式。1999年9月4日凌晨，「國民大會」完成二讀會後，連夜三讀透過了「國代延任案」，把第三屆「國大代表」的任期由四年延長為六年多，即延任到2002年6月30日與第四次「立委」選舉同時依政黨比例代表制產生。「國大延任案」透過後，遭到臺灣社會各界的指責和批判，認為延任案是「國代自肥」性質，是「違憲」行為。9月7日國民黨中央考紀會作出決議，9月8日國民黨中常會透過開除蘇南成黨籍案。1999年10月28日，「立法委員」郝龍斌等人就「國代延任

案」聲請「司法院大法官」解釋。2000年3月24日,「司法院大法官」會議作出「釋字第499號解釋」,認為「國大」第五次的「修憲」行為及其透過的「延任案」是「違憲」的,不具有法律效力。

第五次「修憲」被認定為「違憲」無效之後,「國大」面臨必須改選的局面。然而,在2008年3月18日的「總統、副總統」選舉中,民進黨候選人陳水扁、呂秀蓮得票率為39.3%,國民黨候選人連戰、蕭萬長為23.10%,獨立參選人宋楚瑜、張昭雄得票率為36.84%。3月底,得票排名第二的宋楚瑜籌組親民黨,並準備投入「國代」選舉。為了防範親民黨借「國代」選舉之機鞏固票源,國、民兩黨達成共識,雙方同意「國民大會」自2000年5月20日起走向虛級化、非常設化。2000年4月8日,「國大」匆匆集會重新「修憲」,4月24日完成三讀。第六次「修憲」後,「國大」虛級化,「國大」多數職權轉移到「立法院」,臺灣的「憲政體制」發生了重大變化,形成所謂實質上的「單一國會制」。「國大」虛級化後,僅剩對於「憲法修正案」、「國土變更案」、「總統、副總統彈劾案」的三項複決權;這三項職權由「任務型國代」行使,依政黨比例代表制選舉產生,總額為300名,必須在一個月的期限內行使複決權;「國大」其餘權力則劃歸「立法院」。2000年5月20日,「國民大會」隨著李登輝走入了歷史。李登輝時期的「十年憲改」,從1991年4月8日「國大」臨時會開始「修憲」以來,終於劃上了句號。

(七)對於20世紀90年代李登輝推動臺灣「憲改」的評析

20世紀90年代,李登輝推動臺灣「憲改」的過程漫長而複雜。經過六次「修憲」,雖然所謂的「中華民國憲法」本文並沒有動,但是臺灣的「憲政」體制已經出現了巨大的變化。不可否認,李登

輝主導的90年代臺灣「憲改」具有適應臺灣社會多元化、政治民主化的現實需要,然而,在六次「修憲」的過程中,始終或明或暗地存在著激烈的統「獨」對立和鬥爭。「『修憲』的結果不僅解決了臺灣的『法統』危機,理順了其內部的『憲政體制』,更為其今後以『中華民國在臺灣』的這一可統可獨的『獨臺』政策為出發點的各項政策、法律的制訂提供了『憲法』依據。」在臺灣推動「憲改」的過程中,雖然不乏李登輝撇清「臺獨」的相關言論,然而,事實證明,此後李登輝和台灣「臺獨」分子的許多分裂主義主張都以「終止動員戡亂時期」、「中央民意代表及總統直選」、「凍省」、「廢國大」等作為法理依據。1999年5月8日,民進黨全代會透過了「臺灣前途決議文」,民進黨在前言部分就開宗明義宣稱:「1992年的國會全面改選、1996年的總統直接民選、以及修憲廢省等政治改造工程,已使臺灣事實上成為民主獨立國家。」

1999年7月9日,李登輝表示:「1991年修憲以來,已將兩岸關係定位在國家與國家,至少是特殊的國與國的關係」,因為「我國在1991年修憲,將憲法的地域效力限縮在臺灣,承認中華人民共和國在大陸統治權的合法性,立法委員及國大代表僅從臺灣人民中選出,總統、副總統亦改由臺灣人民直接選舉,國家權力統治的正當性只來自臺灣人民的授權」。李登輝的「兩國論」大張旗鼓地以「修憲」作為理論依據,完全拋開了「憲改」過程中的種種撇清「臺獨」的相關言論。「兩國論」是李登輝對其20世紀90年代「修憲」的階段性總結,即使臺灣在90年代「修憲」之初並沒有明確的「兩國論」取向的分裂主義目標,然而,「臺獨、分裂」勢力試圖透過「憲改」建構「一中一臺」的目的依然明確,李登輝主導下的「憲改」不僅成為分裂主義的理論基礎,而且是李登輝時期分裂主義路線的重要體現。

90年代之初,臺灣社會揭開「憲改」序幕,臺灣社會就形成了「修憲派」、「基本法派」和「制憲派」等代表三種立場的政治勢

力。其中,「制憲」與「修憲」之爭始終貫穿了臺灣90年代的「憲改」過程,其背後所涉及的是統「獨」對立的國家認同爭議。「臺獨」勢力把「制憲」當作完成「建國」的重要手段和目標。為了推動「制憲」,1990年7月,民進黨成立「制憲運動委員會」,並在1991年6月成立「人民製憲會議籌備委員會」。1991年8月24日、25日,由民進黨、無黨籍、學術界及社會各界組成的所謂「人民製憲會議代表」180人,在臺灣大學法學院國際會議廳舉辦了所謂的「臺灣人民製憲會議」,經過兩天喧囂的討論,透過了所謂「臺灣憲法草案」,並且隨後被民進黨中常會列為肩負「修憲」責任的第二屆「國代」黨籍候選人的共同政見。1991年10月,民進黨召開「五屆一次全代會」,更進一步將「制定新憲法」的主張寫入黨綱,提出「依照臺灣主權現實獨立建國,制訂新憲,使法政體系符合臺灣社會現實」,「依照臺灣主權現實重新界定臺灣國家領域主權及對人主權範圍」。1994年6月和8月,臺灣「國大」舉行第三次「修憲」期間,民進黨再次主導召開第二次「臺灣人民製憲會議」,將「臺灣憲法草案」更名為「臺灣共和國憲法草案」,並且公然選出所謂「臺灣共和國」的「新國旗」和「新國歌」,舉辦「新國家、新國旗、新國歌」遊行。

　　李登輝主政期間,每一次「修憲」,都是李登輝利用本土意識,借助民進黨的力量,打擊黨內的非主流勢力,一步一步地鞏固和擴大權力的過程。1996年5月以前,李登輝與黨內非主流派的鬥爭就夾雜著深刻的統「獨」意識形態分歧。隨著臺灣政局的發展,以李登輝為首的臺灣,不僅客觀上越來越難以抗拒民進黨等政治勢力的「憲改」訴求,而且主觀上也越來越願意接受「臺獨、分裂」勢力的某些「憲改」主張。1994年第三次「修憲」確立了「總統公民直選」的法源基礎。雖然「公民直選」的主張反映了臺灣民眾要求直接民主的強烈願望,但是許多臺灣有識之士也指出:「總統直選」與「臺獨路線」有著無法切割的聯繫。曾任國民黨中評委的趙

文藝直言:「直選會造成臺獨。」曾任「立法院長」的梁肅戎也認為:「直選確實有『臺灣人總統』的顧慮。」1994年3月18日,在「修憲策劃小組」聽取意見的會議中,郝柏村宣讀據稱是民進黨的「臺獨密件」,提醒黨內注意民進黨推動直選,以達到「臺獨」的真正企圖。此後,台灣「臺獨」、分裂勢力屢屢以臺灣直選「總統」為理由來證明所謂臺灣的「主權獨立地位」,則反證了當年許多人士的擔心並非沒有道理。

1996年李登輝連任以後,李登輝與宋楚瑜之間的矛盾圍繞著「凍省」議題展開,依然是與統「獨」意識形態鬥爭相互交錯。1996年底「國發會」召開之前,以民進黨為主力的「廢省」、「凍省」訴求在臺灣甚囂塵上。臺灣省作為「中華民國法統」的象徵,「臺獨」勢力必欲去之而後快,「凍省」成為實踐「臺獨」路線的象徵,因此「廢省」、「凍省」議題一時成為台灣統「獨」鬥爭的焦點。

1997年臺灣第四次「修憲」完成後,民進黨把「公投入憲」作為下一步「修憲」的重點。民進黨領導人陳水扁在競選臺灣地區領導人的過程中就揚言,如果當選,將「讓公民投票入憲」。「公民投票」是民進黨「臺獨黨綱」的重要內容,既是民進黨實現「自決、新憲法、新國家」的手段,也是民進黨追求「臺獨」的重要目標。國民黨頂不住所謂「民主潮流」的壓力,主張「公投」部分將明定排除「民族自決」及統「獨」等問題,但是國民黨排除統獨的「公投入憲」顯然只是自欺欺人的做法,無法阻擋民進黨把「公投」當作「住民自決」的政治手段。「公投入憲」不僅給兩岸關係,而且給臺灣社會埋下了無法預測的定時炸彈。

1999年臺灣第五次「修憲」過程中,李登輝拋出「兩國論」,並且進行「兩國論入憲」的試探。臺灣媒體即披露:「國大延任只是新臺灣修憲大業中的『權宜手段』;聯手承包新臺灣修憲工程的

兩造，終極目標應該在於『凍結現行憲法，另訂臺灣基本法』。」「訂定『臺灣基本法』意味必須凍結憲法，凍結憲法意味兩國論根本無須入憲，基本法本身即是兩國論的完美展現。」由於海內外中國人的反對和國際社會的不支持，李登輝未能實現依據「兩國論」進一步「修憲」、修法、廢除「國統綱領」的目標。但是卻暴露出台灣「臺獨、分裂」勢力利用「憲改」手段推行「法理臺獨」的險惡用心。

結語

　　臺灣是中國領土不可分割的一部分,這是天經地義、無可置疑的客觀存在和法理事實。這樣的事實也體現在臺灣至今依然有效的「憲法」和法律中。在李登輝繼任之初,臺灣也曾經明確承認和確認這樣的事實。然而,由於臺灣社會的特殊歷史環境,這個無可辯駁的政治和法理事實卻在臺灣民眾中產生了認知上的異化。李登輝當政的時期正是臺灣社會政治轉型的關鍵時期,臺灣社會在政治上逐漸走上了多元化、自由化、本土化的道路。但是,伴隨著臺灣社會的政治轉型,臺灣社會的「臺獨、分裂」思潮日益氾濫,作為當權者的李登輝不僅不予斷然遏止和正確引導,相反卻基於個人權力和地位的政治需要加以利用和扶植,乃至最終形成危害巨大的李登輝分裂主義政治路線。一方面,李登輝分裂主義政治路線的產生和發展,是臺灣社會意識對於臺灣特殊的社會存在的反映;另一方面,李登輝分裂主義政治路線的推行,給臺灣社會帶來了深刻的政治影響,也給兩岸關係帶來了嚴重的後果。在李登輝分裂主義政治路線的推波助瀾下,近年來臺灣民眾的政治認同顯得越來越混亂而迷茫。李登輝分裂主義政治路線帶來的最大惡果,是「臺灣認同」的日益「臺獨化」傾向。根據臺灣《中國時報》的民調,1990年10月,51.2%的臺灣民眾明確主張兩岸統一,然而,隨著臺灣社會政治的變遷,支持統一的比例逐年下降,至1998年7月,臺灣民眾支持統一的比例只有12.2%。這不能不說是李登輝分裂主義政治路線推波助瀾造成的惡果。

　　建構主義理論認為身份決定利益,利益決定行為,身份成為一個核心變數。認同(Identity)問題,即身份問題,是人們在社會存在中的基本的自我定位,是解決臺灣問題所面臨的核心因素。兩岸

統一，無論採取何種方式——和平方式或非和平方式，最終都必須解決臺灣民眾的政治認同問題。人們在生存過程中，面對種種自然環境與社會環境的壓力，不斷地形成自我意識，尋找「我是誰？我是什麼？我來自哪裡？我要往何處去？我怎麼了？」等種種問題的答案，構成了人們對於自我的身份認知，形成文化的、社會的、政治的自我認同。「認同是人們意義與經驗的來源」，人們在尋找自我認同的過程中獲得生存的意義與群體的結合。政治認同則是人們在政治生活中的自我歸屬。「人們在社會政治生活中產生一種感情和意識上的歸屬感。它與人們的心理活動有密切的關係。人們在一定社會中生活，總要在一定的社會聯繫中確定自己的身份，如把自己看作某一政黨的黨員，某一階級的成員、某一政治過程的參與者或某一政治信念的追求者等等，並自覺地以組織及過程的規範來規範自己的政治行為。這種現象就是政治認同。」政治認同的核心是國家認同，但是國家認同則包含政治認同與文化認同兩個層面，「政治認同和文化認同都是國家認同的重要層面，他們共同創造了公民對國家忠誠的感情」。

兩岸關係中的政治認同問題，也就是關係到臺灣民眾對於自身的文化屬性、民族屬性、政黨屬性、國家屬性的認知，其核心是臺灣民眾的國家認同，是影響臺灣民眾統獨傾向的關鍵因素。海峽兩岸的統一，最終必須實現臺灣民眾對於中華民族認同、對於中國認同、對於中國政府認同的回歸，只有解決臺灣民眾政治認同的疏離問題，才能最終實現兩岸的和平統一。

蔣氏父子統治時期，海峽兩岸雖然政治上對立，軍事上對抗，但是蔣氏父子仍然毫不遲疑地堅持「一個中國」的原則。李登輝改變了蔣氏父子統治時期所堅持的代表全中國的「中華民國」概念，以所謂「中華民國在臺灣」、「中華民國是臺灣」、「臺灣是一個主權獨立國家，名字叫中華民國」、「中華民國是一個主權獨立國家，主權與治權僅及於臺澎金馬」等等相似的主張型塑新的國家認

同，使得臺灣社會「中華民國認同」與「臺灣國家認同」日益重疊，「中華民國」日益成為「臺灣國」的代名詞。日本學者若林正丈恰如其分地以「中華民國臺灣化」的概念形容李登輝當政以來的臺灣政治發展。政治認同的混亂、分歧和對立，不僅造成了臺灣社會的統「獨」矛盾和省籍衝突，而且使得兩岸統一的道路困難重重，亞太和平與安全頻頻處於危機的邊緣。

李登輝當政時期，基於社會發展的潮流以及權力鬥爭的需要，臺灣繼續推動臺灣社會的自由化、本土化、多元化的發展。但是，由於李登輝執行分裂主義的政治路線，對民進黨等「臺獨」勢力的政治主張和政治活動採取了縱容、利用和吸納的策略。一方面培植了民進黨支持者的所謂「李登輝情結」，另一方面也扶持了「臺獨」勢力和「臺獨」活動的進一步擴張。對於民進黨的「臺獨」主張，對於「臺獨」勢力的活動，臺灣雖然曾經表示要加以懲處，但是實際上以思想、言論、政治自由為藉口，日益縱容，甚至扶植。李登輝繼任不久，即與海外「臺獨」分子彭明敏暗中聯繫，採納了彭明敏的政治建議。李登輝還逐漸放寬乃至最終開放海外「臺獨」分子及「臺獨」組織返臺的限制，使得「世臺會」、「臺獨聯盟」等海外「臺獨」組織及其成員紛紛返回臺灣進行「臺獨」活動。1992年5月，臺灣透過了「刑法100條修正案」，徹底解除了「臺獨」言論、主張與活動在臺灣社會傳播的法律障礙。「臺獨」思潮，借助於臺灣選舉的各種傳播手段，在臺灣社會日益氾濫和升級。「臺獨」不僅成為民進黨的意識形態在臺灣社會合法存在，而且也成為李登輝藉機加以利用，進行台灣權力鬥爭的政治工具。

李登輝在台灣推行分裂主義政治路線，一邊扶植「臺灣認同」，一邊打壓「中國意識」，造成臺灣社會政治認同的日益迷失。根據臺灣政治大學選舉研究中心的歷年臺灣民眾重要政治態度民調顯示，從1992年到2000年，雖然認同自己既是中國人又是臺灣人的比例維持在45%左右，但是中國人認同的比例大幅下跌，而臺

灣人認同的比例大幅上升。1992年6月，臺灣民眾認同自己為中國人的比例為26.2%，認同自己是臺灣人的比例為17.3%；2000年6月，臺灣民眾認同自己為中國人的比例下跌了一半，只有13.1%，而認同自己是臺灣人的比例上升了一倍多，達36.9%。這從另一個側面反映了李登輝分裂主義政治路線在臺灣社會產生的惡果，即「中國意識」越來越淡薄，而且成為政治不正確的代名詞；相反，「臺灣認同」卻越來越濃厚，而且成為政治正確的標竿。雖然「臺灣同胞愛鄉愛土的臺灣意識不等於『臺獨』意識」，但是由於「臺獨」勢力對於「臺灣意識」的歪曲和利用，「臺灣意識」卻可能成為滋生「臺獨意識」的溫床。

當然，李登輝的分裂主義政治路線也使得國民黨付出了沉重的政治代價。2000年3月18日，臺灣地區領導人選舉，臺灣民眾對李登輝時代的政治路線作出了最後裁判，李登輝的分裂主義政治路線終於讓國民黨「自食其果」。正如臺灣《聯合晚報》前社長黃年指出的：「一向以『兩手策略』見長的李登輝，將原有的『國民黨傳承』，與新興的『臺灣本土傳承』，交替運用得出神入化；但是，竟然在十二年後的一夕之間，一方面將『國民黨傳承』的社會精神正統地位輸給了宋楚瑜，另一方面又將『臺灣本土傳承』的社會精神正統地位輸給了陳水扁。」在李登輝分裂主義政治路線的長期誤導下，臺灣社會形成了「臺灣優先、臺灣第一」的政治標竿作為判斷政治正確與否的標準。在2000年臺灣地區領導人選舉過程中，受到李登輝分裂主義政治路線的鼓勵，李登輝的大批政治親信轉向支持陳水扁，給兩岸關係帶來了8年的政治僵持與臺灣經濟長期衰退的惡果。

李登輝分裂主義路線的形成與發展歷史暴露了李登輝在政治上不可救藥的投機主義性格。他曾經參加中共，後來退出了；他曾經是彭明敏的好朋友，但彭明敏選擇對抗國民黨，而李登輝選擇加入國民黨；他曾經信誓旦旦地表示反對「臺獨」，下臺後卻與「臺獨

基本教義派」為伍，號稱「臺獨教父」；他曾經與宋楚瑜「情同父子」，因為「修憲凍省」而反目成仇；他曾經表示要協助陳水扁執政而出面組織「臺聯黨」，後來因「扁宋會」而與陳水扁惡言相向。李登輝就是一個徹頭徹尾的投機政客，在現實的政治中選擇對他個人「最有利」的位置，圖謀發揮最大的個人影響力，以謀取得最大的利益。為此，他隨時準備「以今日之我否定昨日之我」，以李登輝自己的名言叫做「我是不是我的我」，反反覆覆地自我否認而不至於人格分裂，這正是李登輝投機主義政治性格登峰造極的反映。

　　李登輝分裂主義政治路線的形成與發展，也反映了兩岸關係中的核心癥結，即「中華民國政治地位」問題。蔣氏父子時期執行「漢賊不兩立」政策，海峽兩岸當局互不承認，由於雙方政治上對立，軍事上對峙，民間關係相互隔絕，這樣的政策並未給兩岸帶來更多的困擾。但是李登輝當政後，宣佈結束「動員戡亂時期」，開啟了兩岸兩會的事務性商談，從政治與法律上承認「中華人民共和國」，相對地也要求大陸承認「中華民國」的政治與法律地位。然而，如果出現海峽兩岸相互承認對方「國號」、「國旗」、「國歌」、政體、「外交承認」等具有國家象徵意義的符號，必然在兩岸關係中，甚至在國際社會造成「兩個中國」的狀況，這是違背「一個中國原則」的，也是大陸所無法接受的。由於這樣的爭議，使得兩岸協商過程中，談判代表不得不以非官方的身份出現；甚至於協定簽署的主體和簽署的紀年也不得不採取各自表述的方式。「這樣的爭議背後所代表的核心問題是：任何事務性談判，都離不開雙方各自所宣稱的『法統』，中華民國法統與中華人民共和國法統。法統的正當性又建構於兩岸各有一部憲法，各自擁有完整的區域統治權、政治經濟體制，以及人民。」

　　2000年4月28日，時任「陸委會主委」的蘇起在「二十一世紀的臺灣發展與兩岸關係」研討會上，提出新的主張，建議以「回到

九二共識」取代有關「一個中國」的爭執，至於「九二共識」的內容則各自解釋。以各自表述的「九二共識」的概念來擱置雙方的政治爭議，是兩岸政治分歧難以化解，兩岸政治難題不易突破情況下的無奈選擇。但是各自表述的「九二共識」的概念並沒有真正化解海峽兩岸的政治分歧，以至於陳水扁主政期間曾經以「沒有共識的共識（agree to disagree）」來形容「九二共識」。陳水扁上臺之初，以李登輝路線的繼承者自居，也曾經任命「兩國論」的始作俑者蔡英文擔任「陸委會主委」達6年之久，忠實地貫徹執行李登輝的以「兩國論」為核心的分裂主義政治路線。蘇起就曾經披露，蔡英文擔任陳水扁當局的「陸委會主委」之後，在一個單獨晤談的場合，主動親口告訴蘇起：「今後只做不說，不提兩國論，但仍將繼續執行兩國論。」

臺灣社會經過李登輝12年的統治，及其後民進黨籍的「總統」陳水扁的8年統治，「中華民國」的外殼雖然沒有改變，原有的「中華民國憲法」依然部分有效，海峽兩岸「一國兩區」的法理定位依然存在，但是臺灣民眾的國家認同已經發生了重大的改變。多數臺灣民眾認知的「中華民國」的內涵已經不同於蔣氏父子時期版圖包括大陸和臺灣的「中華民國」的內涵。李登輝曾經在《亞洲的智略》一書中表示：「這個『舊國家』也已經產生本質的變化，現在的中華民國不再是以往的『民國』，而是擁有嶄新內涵的『新的共和』（NewRepublic）。」李登輝還以「中華民國第二共和」來定義所謂的「新的共和」，認為：「臺灣的認同問題已成熟到『臺灣中華民國』的階段。中華民國已不再是原來的中華民國，而是『新的共和』（NewRepublic），也就是『第二共和』」。

由於李登輝分裂主義政治路線的推波助瀾，「在蔣經國晚年即已抬頭的臺灣認同異化便如決堤洪水四處氾濫起來」。在「中華民國認同」的掩護下，「臺灣認同」更是肆無忌憚的擴張和氾濫，因為「與民進黨的『臺灣共和國』相比，李登輝的『中華民國在臺

灣』含蓄得多,既能滿足少數臺獨分子的心理要求,又矇騙了不少認同中國的臺灣民眾。這種打著虛幻的『中華民國』旗號,卻又明擺著追求分離主義的作法真是令人歎為觀止,100年來的臺灣認同異化因此進入了一個新的階段」。由於李登輝分裂主義政治路線仍然打著「中華民國」的旗號,使得許多臺灣民眾即使認同「臺灣化的中華民國」,但是他們仍然不認為自己是主張「臺獨」的「獨」派,他們承認兩岸有特殊的歷史、文化、血緣和民族淵源,他們甚至於不排除未來兩岸走向「最終統一」。然而,他們認同的現狀卻是「臺灣(中華民國)是一個主權獨立國家」。即使是李登輝本人,在2007年1月29日接受《壹週刊》專訪時仍然表示,他不是「臺獨教父」,「我不是臺獨,也從來沒有主張過臺獨」,但是他卻同時表示:「我不必追求臺獨,因為臺灣事實上已經是一個主權獨立的國家」。

「中華民國的臺灣化」使得未來兩岸政治談判觸及和處理「中華民國政治地位」問題變得更加複雜和困難。「中華民國的臺灣化」與「一個中國原則」之間的矛盾更加尖銳。表面上,李登輝分裂主義政治路線仍然保留著「中華民國」的外殼,也沒有「廢除中華民國憲法」;然而,實質上,內在的國家認同已經發生了根本的變化。

「臺獨、分裂」的產生具有複雜的社會歷史背景,「臺獨、分裂」的聲音和訴求在臺灣社會短期內不可能消失。海峽兩岸處在不同的政治、經濟和社會制度下,相對擁有各不相屬的政治體系,相互差異的政治文化,因此,造成了兩岸之間政治認同的差異。「幾十年來,臺灣民眾在中華民國這個國號下生活,他們的國籍填的是中華民國,他們的護照上、駕駛執照上寫的是中華民國,在他們看來,他們理所當然的是中華民國的國民。」兩岸政治認同差異的根本原因,是國共內戰的法律狀態尚未結束,雙方也未能達成相互所能接受的政治架構。可以預見,只要兩個政治體系互不相屬的社會

存在仍然持續，臺灣社會對於「中華民國」的認同和對於所謂「臺灣國」的認同就不可能完全消失。

　　馬克思主義的唯物史觀認為，一切社會意識都是社會存在的反映，改變社會意識只有依靠針對社會存在的革命性變遷。馬克思在《德意志意識形態》一文中指出：「意識的一切形式和產物不是可以用精神的批判來消滅的，也不是可以透過把它們消融在『自我意識』中或化為『幽靈』、『怪影』、『怪想』等等來消滅的，而只有實際地推翻這一切唯心主義謬論所由產生的現實的社會關係，才能把它們消滅；歷史的動力以及宗教、哲學和任何其他理論的動力是革命，而不是批判。」由於臺灣依然存在著分裂主義思潮的政治、社會、經濟、文化和歷史環境，僅僅依靠批判是無法消滅分裂主義的。解決臺灣分裂主義社會意識的根本在於改變臺灣的社會環境，消除臺灣分裂主義意識的社會基礎。只有臺灣的社會存在發生革命性的改變之後，才能最終消除分裂主義的社會意識。而這要求海峽兩岸經歷艱苦的努力、長期的交流、密切的融合過程，這個過程也正是兩岸關係和平發展的過程。在這個過程中，海峽兩岸透過廣泛、深入、密切的經貿、文化、社會和人員的交流，促進兩岸的社會融合，改變臺灣的社會環境，最終爭取臺灣民眾的支持，使臺灣廣大民眾在統「獨」的對比中作出正確的抉擇。

參考文獻

一、中文著作

●大陸

[1]中共中央馬克思恩格斯列寧史達林著作編譯局編.馬克思恩格斯選集（第一卷）[M].北京：人民出版社，1972.

[2][美]斯蒂芬・範埃弗拉著，陳琪譯.政治學研究方法指南[M].北京：北京大學出版社，2006.

[3]李秀林、王於、李淮春.辯證唯物主義和歷史唯物主義原理[M].北京：中國人民大學出版社，1984.

[4]陳孔立.臺灣學導論[M].臺北：博揚文化事業有限公司，2004.

[5]陳振明.政治學——概念、理論和方法[M].北京：中國社會科學出版社，2004.

[6]《中國大百科全書》總編委會.中國大百科全書・哲學卷[M].北京：中國大百科全書出版社，1987.

[7]陳振明.政治學[M].北京：中國社會科學出版社，1999.

[8]李曉莊.揭李登輝底牌[M].香港：利文出版社，1996.

[9]李敖.李登輝的真面目[M].北京：中國友誼出版公司，2000.

[10]中共中央馬克思恩格斯列寧史達林著作編譯局編.馬克思恩格斯選集（第二卷）[M].北京：人民出版社，1995.

[11]國務院臺灣事務辦公室研究局編.臺灣問題文獻資料選編

[M].北京：人民出版社，1994.

[12]周玉蔻.李登輝的一千天1988-1992[M].北京：新華出版社，1993.

[13]劉紅.從「執政」到「在野」[M].廈門：鷺江出版社，2000.

[14]鄧小平.鄧小平文選（第三卷）[M].北京：人民出版社，1993.

[15]海峽兩岸關係協會.兩岸對話與談判重要文獻選編[M].北京：九州出版社，2004.

[16]海峽兩岸關係協會.「九二共識」歷史存證[M].北京：九州出版社，2005.

[17]全國臺灣研究會、姜殿銘主編.臺灣一九九五[C].北京：九洲圖書出版社，1996.

[18]全國臺灣研究會、姜殿銘主編.臺灣一九九六[C].北京：九洲圖書出版社，1997.

[19]國務院臺灣事務辦公室.中國臺灣問題外事人員讀本[M].北京：九州出版社，2006.

[20]中國社會科學院臺灣研究所.臺灣問題重要文獻資料彙編（1978.12-1996.12）[M].北京：紅旗出版社，1997.

[21]劉國深.當代臺灣政治分析[M].北京：九州出版社，2002.

[22]劉國深.當代臺灣政治概論[M].北京：九州出版社，2006.

[23]陳孔立.臺灣歷史綱要[M].北京：九洲圖書出版社，1996.

[24]全國臺灣研究會，姜殿銘主編.臺灣一九九一[C].北京：中國友誼出版公司，1992.

[25]全國臺灣研究會，姜殿銘主編.臺灣一九九二[C].長春：吉

林文史出版社，1993.

[26]全國臺灣研究會，姜殿銘主編.臺灣一九九三[C].北京：中國友誼出版公司，1994.

[27]全國臺灣研究會，姜殿銘主編.臺灣一九九四[C].北京：北京出版社，1995.

[28]全國臺灣研究會、姜殿銘主編.臺灣一九九七[C].北京：九洲圖書出版社，1998.

[29]劉國奮.臺灣的「務實外交」[M].廈門：鷺江出版社，2000.

[30]張文生、王茹.民進黨選舉策略研究[M].北京：九州出版社，2005.

[31]陳孔立.臺灣歷史綱要[M].北京：九州圖書出版社，1996.

[32]亨廷頓著，劉軍寧譯.第三波——20世紀後期民主化浪潮[M].上海：上海三聯書店，1998.

[33]曼紐爾·卡斯特著，夏鑄九、黃麗玲等譯.認同的力量[M].北京：社會科學文獻出版社，2003.

[34]常燕生、辛旗.轉型期的臺灣政治[M].北京：華藝出版社，1990.

[35]李家泉.李登輝主政臺灣之後[M].北京：中國言實出版社，1997.

●臺灣

[1]戚嘉林.李登輝兩岸政策十二年[M].臺北戚嘉林，2005.

[2]鄒景雯.李登輝執政告白實錄[M].臺北：印刻出版有限公司，2001.

[3]王雲五.雲五社會科學大辭典：政治學[M].臺北：臺灣商務印

书馆，1973.

[4]李登輝.臺灣的主張[M].臺北：遠流出版事業股份有限公司，1999.

[5]李登輝、中嶋嶺雄著，駱文森，楊明珠譯.亞洲的智略[M].臺北：遠流出版事業股份有限公司，2000.

[6]金美齡、周英明著，張良澤譯.日本啊臺灣啊[M].臺北：前衛出版社，2001.

[7]範昭明.少年李登輝[M].臺北：商周文化事業股份有限公司，1995.

[8]徐宗懋.日本情結——從蔣介石到李登輝[M].臺北：天下文化，1999.

[9]李敖.共產黨李登輝[M].臺北：李敖出版社，1989.

[10]徐宗懋.關於李登輝同志的若干歷史問題[M].臺北：時英出版社，2004.

[11]彭明敏.自由的滋味——彭明敏回憶錄[M].臺北：臺灣文藝出版社，1987.

[12]張慧英.李登輝：1988-2000執政十二年[M].臺北：天下遠見出版股份有限公司，2000.

[13]王振寰.臺灣社會[M].臺北：巨流圖書公司，2003.

[13]臺灣「行政院新聞局」編.蔣「總統」經國先生「七十五年」言論集[M].臺北：正中書局，1987.

[14]臺灣師範大學人文教育研究中心.臺灣文化事典[M].2004.

[15]石之瑜.當代臺灣的中國意識[M].臺北：正中書局，1993.

[16]李炳南.不確定的「憲政」——第三階段「憲政」改革之研

究[M].臺北：揚智文化事業股份有限公司，1998.

[17]臺灣「中央日報」編印.歷史巨人的遺愛[M].臺北：「中央日報」出版部，1988.

[18]臺灣「行政院新聞局」編印.統一是中國唯一的道路——李「總統」登輝先生言論選粹[M].1991.

[19]臺灣「行政院新聞局」輯印.開創未來——邁向中華民族的新時代[M].1992.

[20]陸鏗、馬西屏採訪記錄.別鬧了，登輝先生[M].臺北：天下遠見出版股份有限公司，2001.

[21]張慧英.超級外交官——李登輝和他的「務實外交」[M].臺北：時報文化出版公司，1996.

[22]臺灣「外交部外交年鑒」編輯委員會.「中華民國八十年外交」年鑒[M].臺北：1991.

[23]黃年.李登輝「總統」的最後一千天[M].臺北：聯經出版事業公司，2000.

[24]藍博洲.共產青年李登輝[M].苗栗：紅岩出版社，2000.

[25]上阪冬子著，駱文森、楊明珠譯.虎口的「總統」——李登輝與曾文惠[M].臺北：先覺出版社，2001.

[26]丁遠超.存在與希望：側寫李登輝的執政智慧[M].臺北：遠流出版公司，1995.

[27]臺灣「外交部外交年鑒」編輯委員會編.「中華民國八十七年外交」年鑒[M].臺北：1998.

[28]鄒景雯.李登輝給年輕人的十堂課[M].臺北：四方書城有限公司，2006.

[29]群策會策劃.從T到T+——臺灣21世紀「國家總目標」[M].臺北：玉山社出版事業股份有限公司，2003.

[30]張曼溪.林洋港的「總統」之路[M].臺北：麥田出版股份有限公司，1999.

[31]黃子華.李登輝的「治國」理念與政策[M].臺北：黎明文化事業股份有限公司，2006.

[32]蔡石山.李登輝與臺灣的國家認同[M].臺北：前衛出版社，2006.

[33]彭懷恩.臺灣政治發展的反思[M].臺北：風雲論壇出版社有限公司，2000.

[34]戴寶村.臺灣政治史[M].臺北：五南圖書出版股份有限公司，2006.

[35]戴國輝、王作榮.愛憎李登輝[M].臺北：天下遠見出版股份有限公司，2001.

[36]遊紫玲.李登輝先生與臺灣民主化[M].臺北：玉山社出版事業股份有限公司，2004.

[37]林耀淞.李登輝與國民黨分裂[M].臺北：海峽學術出版社，2004.

[38]張炎憲.李登輝「總統」訪談錄-早年生活[M].臺北：允晨文化實業股份有限公司，2008.

[39]張炎憲.李登輝「總統」訪談錄-政壇新星[M].臺北：允晨文化實業股份有限公司，2008.

[40]張炎憲.李登輝「總統」訪談錄-信仰與哲學[M].臺北：允晨文化實業股份有限公司，2008.

[41]蔣永敬.國民黨興衰史[M].臺北：臺灣商務印書館股份有限公司，2003.

[42]王力行.無愧：郝柏村的政治之旅[M].臺北：天下文化出版股份有限公司，1993.

[43]官麗嘉.誠信——林洋港回憶錄[M].臺北：天下文化出版股份有限公司，1995.

[44]黃年.李登輝的「憲法」變奏曲[M].臺北：聯經出版事業公司，1998.

[45]黃年.李登輝的心靈寫真錄[M].臺北：聯經出版事業公司，1998.

[46]劉國基.「兩國論」全面觀察[M].臺北：海峽學術出版社，1999.

[47]許宗力.「兩國論」與臺灣「國家定位」[M].臺北：學林文化事業有限公司2000.

[48]蘇起.危險邊緣：從「兩國論」到「一邊一國」[M].臺北：天下遠見出版股份有限公司，2003.

[49]若林正丈著，洪金珠、許佩賢譯.臺灣：分裂國家與民主化[M].臺北：月旦出版社股份有限公司，1999.

[50]盧建榮.分裂的國族認同：1975-1997[M].臺北：麥田出版社，2002.

[51]盧建榮.臺灣後殖民國族認同：1950-2000[M].臺北：麥田出版社，2003.

[52]臺灣歷史學會.國家認同論文集[C].臺北：稻鄉出版社，2001.

[53]王曉波.浩然集：李扁路線總批判[M].臺北：海峽學術出版社，2006.

[54]張富忠、張萬興.綠色年代——臺灣民主運動25年（1975-1987）[M].臺北：INK印刻出版有限公司，2005.

[55]柯義耕（Kagan，RichardC.）著，蕭寶森譯.臺灣政治家：李登輝[M].臺北：前衛出版社，2008.

[56]劉栩瑞、史國強.李登輝帝國末日[M].臺北：笙易有限公司文化事業部，2000.

[57]「臺灣主權與一個中國論述大事記編輯小組」.臺灣主權與一個中國論述大事記[M].臺北：「國史館」印行，2002.

[58]陳新民.1990年-2000年臺灣「修憲」紀實——十年「憲政」發展之見證[M].臺北：學林文化事業有限公司，2002.

[59]陳志奇.臺海兩岸關係實錄（1979-1997）[M].臺北：「財團法人國家建設文教基金會，臺海兩岸關係研究中心」，1998.

[60]王甫昌.當代臺灣社會的族群想像[M].臺北：群學出版有限公司，2003.

[61]江宜樺.自由主義、民族主義與國家認同[M]，臺北：揚智文化事業股份有限公司，1998.

二、外文著作

[1]Shelley Rigger.Taiwans rising rationalism：generations，politics，and「Taiwanese nationalism」[M].Washington，DC：East-WestCenter Washington，2006.

[2]John F.Copper.Taiwans 2000 presidential and vice presidential election：consolidating democracy and creating a new era of politics[M].Baltimore，Maryland：University of Maryland School of Law，2000.

[3]John F.Copper.The Taiwan political miracle：essays on political development，elections，and foreign relations [M].Lanham：East Asia Re-search Institute，University Press of America，1997.

[4]Denny Roy.Taiwan：apolitical history [M].Ithaca，NewYork：Cornell University Press，2003.

[5]Gerrit Gong.Taiwan Strait dilemmas：China-Taiwan-U.S.policies in the new century [M].Washington，D.C.：Center for Strategic and International Studies，2000.

[6]Murray A.Rubinstein.Taiwan：a New history [M].Armonk，NewYork：M.E.Sharpe，1999.

[7]Robert M.Marsh.The great transformation：social change in Taipei，Taiwan since the 1960s [M].Armonk，N.Y.：M.E.Sharpe，1996.

[8]Christopher Hughes.Taiwan and Chinese nationalism：national identity and status in international society [M]London：Routledge，1997.

[9]Clive Jones and Caroline Kennedy-Pipe.International security in aglobal age：securing the twenty-first century [M].London：F.Cass，2000.

[10]John F.Copper.TAIWAN：Nation-State o rProvince？[M].Colorado：WestviewPress，2003.

[11]Dafydd Fell.Party Politics in Taiwan [M].London and NewYork：Routledge，2005.

[12]Shelley Rigger.Politics in Taiwan：Voting for democracy [M].London and NewYork：Routledge，1999.

[13]Muthiah Alagappa.Taiwans Presidential Politics [M].Armonk，NewYork：M.E.Sharpe，2001.

[14]Nancy Bernkopf Tucker.Dangerous Strait [M].NewYork：Columbia University Press，2005.

[15]Dawson E.Richard and Kenneth Prewitt.Political Socialization [M].Boston：Little，Brown and Company，1969.

三、期刊論文

[1]劉國深.試論百年來「臺灣認同」的異化問題[J].臺灣研究集刊，1995，（3/4）：95-102.

[2]毛仲偉.「臺獨」與「獨臺」的同一性和差異性及走向[J].臺灣研究集刊，1994，（1）：26-32.

[3]本刊編輯部.「一個中國」的原則不容動搖[J].臺灣研究論壇，1994，（7）：1.

[4]辛芳譯.李登輝與司馬遼太郎對談錄「孤島的痛苦——生為臺灣人的悲哀」[J].臺灣研究論壇，1994，（7）：6-12.

[5]魏碧海.李登輝加入和脫離中共內幕——李登輝入黨介紹人吳克泰訪談錄[J].軍事歷史，2004，（2）：6-8.

[6]劉國深.臺灣政治文化「脫中國化」現象芻議[J].臺灣研究集刊，1996，（4）：1-7.

[7]王在希.臺灣「新黨」成立背景及發展趨勢分析[J].臺灣研究集刊，1993，（4）：59-69.

[8]王升.李登輝關於兩岸關係定位的主張之演變[J].臺灣研究，1994，（3）：67-73.

[9]餘克禮.從「臺海兩岸關係說明書」看臺當局大陸政策的本質特徵[J].臺灣研究，1994，（4）：1-6.

[10]範希周.1979年以來臺灣「總體外交」政策分析[J].臺灣研究

集刊，1987，（4）.

[11]陳萍.試析臺灣的「務實外交」[J].當代亞太，1996，（4）：65-78.

[12]孫雲、董雲.冷戰後的中日關係與臺灣問題[J].臺灣研究集刊，2001，（1）：18-24.

[13]林旅.李登輝踏出「新國家」的第一步[J].臺灣《民進》週刊，1990，（1）.

[14]劉國奮.李登輝「務實外交」綜評[J].臺灣研究，2000，（3）：78-85.

[15]馮邦彥、賴文鳳.臺灣「南向政策」透視[J].暨南學報（哲學社會科學），2003，（6）：1-7.

[16]汪慕恆.臺灣的「南向政策」評析[J].臺灣研究集刊，1999，（1）：36-40.

[17]張文生.臺灣第四次「修憲」與台灣政治鬥爭[J].臺灣研究集刊，1997，（4）：8-14.

[18]盛健、黨朝勝.試論臺灣「憲改」的法律作用[J].臺灣研究，1995，（1）：53-55.

[19]魏東昇.李登輝加入、脫離中共的真實內幕——專訪兩位當事人吳克泰、徐懋德先生[J].黨史縱橫，2004，（7）：26-28.

[20]李強.從「十四全」看國民黨內部矛盾[J].臺灣研究集刊，1993，（4）：53-58.

[21]楊立憲.臺灣「憲政改革」再透視[J].臺灣研究，1994，（3）：60-66.

[22]餘克禮.「兩國論」是臺灣現行兩岸政策的核心[J].臺灣研

究，2002，（1）：1-5.

[23]張文生.新臺灣人主義評析[J].臺灣研究，1999，（3）：42-46.

[24]王升.「一個中國」的結與解[J].臺灣研究，1998，（1）：22-27.

[25]黃嘉樹.「一個中國」內涵與兩岸關係[J].臺灣研究，2001，（4）：1-5.

[26]林勁.「一個中國」原則的核心地位——再讀江總書記講話的思考[J].臺灣研究集刊，1998，（1）：32-38.

[27]劉文宗.背叛國家民族利益的「臺獨」自白書——評李登輝的《臺灣的主張》[J].臺灣研究，2000，（1）：39-49.

[28]周志懷.關於1995-1996年臺海危機的思考[J].臺灣研究集刊，1998，（2）：1-7.

[29]劉紅.關於「一個中國」原則的思考[J].臺灣研究，1999，（1）：6-13.

[30]吳福文、張樹廷.客家人在臺灣政壇的「副首」角色——兼談李登輝的族屬問題[J].福州大學學報（哲學社會科學版），2006，（3）：5-10.

[31]李松林、戴餘冰.李登輝「兩個中國」政策面面觀[J].北京科技大學學報（社會科學版），2001，（3）：45-49.

[32]楊梓.李登輝大陸政策思想研究[J].臺灣研究，1994，（1）：24-32.

[33]楊毅周.李登輝分裂主義批判[J].臺灣研究，1995，（4）：1-3.

[34]劉國奮.李登輝謀求重新「定位」兩岸關係問題之分析[J].臺灣研究,1999,(4):17-21.

[35]劉國深.李登輝時代臺灣政治文化變遷初探[J].臺灣研究,1994,(1):17-23.

[36]劉紅.李登輝是如何危害國民黨的?[J].臺灣研究,2000,(3):26-32.

[37]黨朝勝.李登輝在意識形態領域的分裂活動簡述[J].臺灣研究,1999,(4):48-53.

[38]劉佳雁.兩岸政治關係中「一個中國」問題之省思[J].臺灣研究,1998,(4):27-32.

[39]曹治洲.略論李登輝大陸政策的「臺獨」本質[J].臺灣研究,1996,(3):13-18.

[40]林勁.評李登輝的「臺灣生命共同體」[J].臺灣研究集刊,1995,(3/4):103-108.

[41]李建敏.試析李登輝主政後國民黨的變化[J].臺灣研究集刊,1994,(4):25-32.

[42]曹治洲.臺灣大陸政策的癥結[J].臺灣研究,1994,(4):7-14.

[43]張文木.臺灣問題與中國前途——兼評李登輝《臺灣的主張》[J].戰略與管理,1999,(5):5-15.

[44]林勁.現階段臺灣大陸政策的基本目標及其影響[J].臺灣研究集刊,1994,(3):6-18.

[45]張莉萍.試論臺灣新黨的大陸政策[J].國際政治研究,2001,(1):113-117.

[46]趙家祥.簡論社會存在與社會意識的劃分[J].思想理論教育導刊，2002，（5）：17-20.

[47]楊河.馬克思認識論基本思想的形成及其歷史意義——從《1844年經濟學哲學手稿》到《德意志意識形態》[J].北京大學學報（哲學社會科學版），2002，（1）：64-69.

[48]薛龍根.「務實外交」實為分裂中國[J].國外社會科學情況，1998，（4）：43-47.

[49]謝鬱.1999年臺灣「務實外交」評析[J].臺灣研究，2000，（1）：64-68.

[50]周忠菲.李登輝「兩國論」出臺背景分析[J].世界經濟研究，1999，（6）：19-22.

[51]蕭敬、張黎宏.論臺灣推行「務實外交」對兩岸關係發展的衝擊[J].1995，（4）：6-11.

[52]邱桂榮.臺灣「務實外交」的國際空間[J].國際資料資訊，1999，（5）：17-20.

[53]劉玉印.臺灣加入世界貿易組織問題回顧與淺析[J].國際關係學院學報，2006，（2）：24-27.

[54]趙寶煦.臺灣問題：影響中美關係的重要因素[J].北京大學學報（哲學社會科學版），1997，（1）：116-125.

[55]陳孔立.臺灣「去中國化」的文化動向[J].臺灣研究集刊，2001，（3）：1-11.

[56]張文生.從本土化或全球化看兩岸關係：兩種不同的政治思維[J].臺灣研究集刊，2001，（4）：40-47.

[57]蔡子民.臺灣「本土化」思潮與「文化臺獨」[J].臺聲雜誌，2001，（4）：14-15.

四、報紙文章

[1]新華社評論員.分裂沒有出路[N].人民日報，1999-7-22.

[2]李登輝與青年作家共度「文學的下午」[N].臺灣：中華日報，1994-10-16.

[3]人民日報評論員、新華社評論員.一篇鼓吹分裂的自白——評李登輝在康奈爾大學的演講[N].人民日報，1995-7-24.

[3]徐宗懋.228後從事反政府地下活動，李登輝首度坦承曾加入謝雪紅組織[N].臺灣：中國時報，2006-2-21.

[4]徐宗懋.陳炳基：地下黨曾想救出張學良[N].臺灣：中國時報，2003-2-28（11）.

[5]「總統」發佈遺囑奉行令[N].臺灣：中國時報，1988-1-14（2）.

[6]「總統」發佈緊急處分令、「國喪」期禁止集會遊行[N].臺灣：中國時報，1988-1-14（1）.

[7]執政黨暫不推舉新任主席，有關議題延十三全會決定[N].臺灣：中國時報，1988-1-16（1）.

[8]39位執政黨「立委」簽署聯合聲明，呼籲推任「李總統」代理黨主席[N].臺灣：中國時報，1988-1-19（2）.

[9]執政黨透過充實「中央民代機構」方案，將交有關部門立法並擬定辦法施行[N].臺灣：中國時報，1988-2-4（1）.

[10]李登輝記者會問答摘要[N].臺灣：中國時報，1988-2-23（2）.

[11]黃輝珍.體質結構的重整、民主實驗的起點——國民黨十三全會閉幕總評[N].臺灣：中國時報，1988-7-14（2）.

[12]李代主席十三全會開幕致詞全文[N].臺灣：中國時報，1988-7-8（2）.

[13]創新而不忘舊、前進而不忘本——蔣夫人於中國國民黨十三全會致詞全文[N].臺灣：中國時報，1988-7-9（2）.

[14]「副總統」人選出現黑馬李元簇將獲提名[N].臺灣：中國時報，1990-2-2（1）.

[15]擁護蔣緯國「資深國代」強烈反彈，不管黨部如何決定者堅持到底[N].臺灣：中國時報，1990-2-3（2）.

[16]陳守國.揭開「非主流派」結合內幕[N].臺灣：中國時報，1990-3-6（2、3）.

[17]彭明敏支持李「總統」競選連任[N].臺灣：中國時報，1990-2-10（2）.

[18]李「總統」：聖經的一段話讓我安心睡著[N].臺灣：中國時報，1990-3-12（2）.

[19]「正副總統」候選人選舉方式引發黨內激辯[N].臺灣：中國時報，1990-2-12（1）.

[20]政局不穩、全民皆輸———一群海內外知識份子對當前時局的呼籲[N].臺灣：中國時報，1990-2-26（2）.

[21]李主席：執政黨無一不可檢討，也無一不可調整[N].臺灣：中國時報，1990-2-8（2）.

[22]張慧英.「郝揆」：政府對「臺獨」絕無妥協餘地[N].臺灣：中國時報，1991-3-23（1）.

[23]不支持一個中國政策，就不要作國民黨黨員[N].臺灣：中國時報，1992-10-7（2）.

[24]林洋港：競選「總統」需要客觀條件配合[N].臺灣：中國時報，1993-7-14（2）.

[25]郝：一人「修憲」；李：你有偏見[N].臺灣：中國時報，1994-8-4（1）.

[26]「李總統」：大家都是中國人，都是臺灣人[N].臺灣：中國時報，1994-6-10（1）.

[27]黃輝珍、林進坤.臺灣政壇最熱的一季[N].臺灣：中國時報，1990-2-12（6）.

[28]「李揆」論政主張鮮明[N].臺灣：中國時報，1990-3-25（1）.

[29]全國人大常委會.告臺灣同胞書[N].人民日報，1979-1-1（1）.

[30]徐向前關於停止對大金門等島嶼炮擊的聲明[N].人民日報，1979-1-1.

[31]解放軍駐福建地區部隊發言人關於停止向臺灣空飄海漂宣傳品的談話[N].人民日報，1986-3-23.

[32]中常會透過開放大陸探親政策，原則同意不限制年齡均得前往[N].臺灣：中國時報，1987-10-15（2）.

[33]「李總統」：中國統一的契機已經展現[N].臺灣：中國時報，1990-10-8（2）.

[34]「李總統」：大陸政策首要考慮臺灣地區兩千萬人安全與幸福[N].臺灣：中國時報，1990-10-8（2）.

[35]海峽交流基金會秘書長陳長文表示：基金會將規劃和中共接觸[N].臺灣：中國時報，1990-11-22（3）.

[36]國家統一綱領全文[N].臺灣：中國時報，1991-2-24（2）.

[37]迎接兩岸以對話解決爭議的新時代——對「辜汪會議」過程和結果的平議[N].臺灣：中國時報，1993-4-30（3）.

[38]李登輝：堅持「中華民國」立場才不會落入中共圈套[N].臺灣：中國時報，1992-12-16.

[39]「臺海兩岸關係說明書」全文[N].臺灣：中國時報，1992-12-16.

[40]江澤民.為促進祖國統一大業的完成而繼續奮鬥[N].人民日報，1995-1-31（1）.

[41]李「總統」：辜汪會談顯示兩岸對等地位事實已不容否認[N].臺灣：中國時報，1993-5-5（2）.

[42]林碧炤：從政治實體到「兩個國家」，追求統一長遠目標沒變[N].臺灣：中國時報，1999-7-10（2）.

[43]「總統府」官員：清楚定位有助加速兩岸關係推展[N].臺灣：中國時報，1999-7-11（3）.

[44]李「總統」：主張分裂國土、製造社會不安，應接受法律制裁[N].臺灣：中國時報，1991-10-16（1）.

[45]馬英九.兩年來的大陸政策與兩岸關係[N].臺灣：中央日報，1990-10-8.

[46]「國統委員」作成結論，確認一個中國兩個政治實體[N].臺灣：中國時報，1992-8-2（1）.

[47]李「總統」：「一中一臺、臺獨」都將淪為文字遊戲[N].臺灣：中國時報，1992-12-16（1）.

[48]「二屆國大二次臨會李總統國情報告全文」[N].臺灣：中

國時報，1993-1-5（4）.

[49]李「總統」：亞太地區可設沒有假想敵集體安全體系[N].臺灣：中國時報，1993-4-1（3）.

[50]「李總統：我將結合全民續推動參與聯國」[N].臺灣：中國時報，1993-9-24（1）.

[51]「江丙坤：將采一個中國為指向的階段性兩個中國政策」[N].臺灣：中國時報，1993-11-22（1）.

[52]「李總統：中共處理千島湖事件像土匪一樣」[N].臺灣：中國時報，1994-4-10（1）.

[53]「李總統：不能同意更改中華民國國號」[N].臺灣：中國時報，1994-4-19（1）.

[54]「李登輝：大家都是中國人，都是臺灣人」[N].臺灣：中國時報，1994-6-10（1）.

[55]「李登輝：臺獨是自我孤立，不切實際」[N].臺灣：中國時報，1994-10-29（1）.

[56]「李總統：我們的名稱相當明確，就是中華民國」[N].臺灣：中國時報，1994-8-10（2）.

[57]民進黨臺灣前途決議文[N].臺灣：聯合報，1999-5-9（4）.

[58]「李總統：中華民國已存在這麼久，沒必要再宣佈獨立」[N].臺灣：中國時報，1996-5-18（2）.

[59]「中共再大也不會比我老爸大」[N].臺灣：中國時報，1997-9-47117（2）.

[60]「李總統：兩岸問題不在統獨而在制度」[N].臺灣：中國時報，1999-7-10（3）.

[61]「李總統：兩岸是特殊的國與國關係」[N].臺灣：中國時報，1999-7-10（1）.

[62]李：追求「臺獨」是退步且危險的[N].臺灣：中國時報，2007-2-1（2）.

[63]「辜振甫：兩岸新定位不影響辜汪會」[N].臺灣：中國時報，1999-7-11（3）.

[64]「蘇起：兩國論系要建立更有效處理機制」[N].臺灣：中國時報，1999-7-13（2）.

[65]中共中央臺辦、國務院臺辦發言人就李登輝分裂中國言論發表談話[N].人民日報，1999-7-12.

[66]汪道涵希望辜振甫就兩岸會談是「國與國會談」說法予以澄清[N].人民日報，1999-7-13.

[67]陳雲林強烈抨擊李登輝「兩國論」[N].人民日報，1999-7-16.

[68]江澤民與美國總統柯林頓通話重申中國政府在臺灣問題上的嚴正立場[N].人民日報，1999-7-19.

[69]邵宗海：「兩國關係論點重啟統獨爭議」[N].臺灣：中國時報，1999-7-11（15）.

[70]十五全「特殊國與國關係」納入決議文[N].臺灣：中國時報，1999-8-30（2）.

[71]林濁水.突破國家定位李登輝有急迫感[N].臺灣：中國時報，1999-7-11（15）.

[72]「連戰：李總統兩國論釐清兩岸定位推動政治對話」[N].臺灣：中國時報，1999-7-26（3）.

[73]逾百學者籲停止推動「兩國論」[N].臺灣：中國時報，1999-7-19（2）.

[74]對等、和平與雙贏——「中華民國對『特殊的國與國關係』的立場」[N].臺灣：聯合報，1999-8-2（13）.

[75]李登輝下指令向國際闡釋「兩國論」務實性[N].臺灣：中國時報，1999-7-16（2）.

[76]「李總統」：我是堅決反對「臺獨」的[N].臺灣：中國時報，1999-7-24（1）.

[77]連戰：爭取對等而不是獨立[N].臺灣：中國時報，1999-7-24（2）.

[78]「李總統」：汪來訪前須確認兩岸對等關係[N].臺灣：中國時報，1999-7-28（1）.

[79]海基會董事長辜振甫談話稿全文[N].臺灣：中國時報，1999-7-31（2）.

[80]「李總統」：兩岸關係已成兩個對等實體交往問題[N].臺灣：中國時報，1999-7-29（1）.

[81]「李總統」：「特殊國與國關係」是無可否認的[N].臺灣：中國時報，1999-8-10（1）.

[82]最新民調：43%民眾支持「兩國論」[N].臺灣：中國時報，1999-7-18（2）.

[83]陳水扁：「兩國論」有利兩岸雙贏[N].臺灣：中國時報，1999-7-16（4）.

[84]海協會負責人就所謂「辜董事長談話稿」發表談話，人民日報，1999-7-31.

[85]江澤民在坎培拉會見中外記者時闡述在臺灣問題上的原則立場[N].臺灣：中國時報，1999-9-9.

[86]「外部」表示：雙重承認是手段而非目標[N].臺灣：中國時報，1989-1-6（3）.

[87]人民日報評論員、新華社評論員.國際社會絕無「臺獨」生存空間——二評李登輝在康奈爾大學的演講[N].人民日報，1995-7-25.

[88]臺灣問題與中國的統一[N].人民日報，1993-9-1.

[89]「李總統」強調：統一中國目標不容動搖[N].臺灣：中國時報，1990-3-31（1）.

[90]民進黨堅持依政黨實力配置名額[N].臺灣：中國時報，1990-3-27（2）.

[91]「李總統回應黃主席：兩年內完成憲政改革」、「李黃會談國民會議歧見消解大半」[N].臺灣：中國時報，1990-4-3（1、2）.

[92]「憲法」問題在不預設結論下進行[N].臺灣：中國時報，1990-4-22（2）.

[93]「李總統」：務使改革目標如期如計達成[N].臺灣：中國時報，1990-6-29（2）.

[94]「總統」選舉方式，執政黨「修憲」策劃小組最後攻防戰[N].臺灣：中國時報，1992-3-9（3）.

[95]三中全會爆發「世紀大辯論」[N].臺灣：中國時報，1992-3-16（2）.

[96]「總統」選舉方式依民意審慎研定[N].臺灣：中國時報，1992-3-17（1）.

[97]「李總統」：明年定要完成「憲改」[N].臺灣：中國時報，1993-4-9（2）.

[98]「總統」直選是臺灣政局安定的最後一關[N].臺灣：中國時報，1993-11-17（2）.

[99]新同盟會表態支持「總統委任直選」[N].臺灣：中國時報，1994-4-22（2）.

[100]「國大」設議長？民進黨「國代」與部分學者抨擊[N].臺灣：中國時報，1994-4-23（2）.

[101]提「公投入憲」等六主張民進黨力主完成二階段「修憲」[N].臺灣：中國時報，1998-7-23（4）.

[102]黃主文：選制、公投今年「修憲」主議題[N].臺灣：中國時報，1999-1-5（2）.

[103]陳水扁：「入憲」並非公投唯一必要條件[N].臺灣：中國時報，1999-4-12（2）.

[104]民進黨：「憲改」主張若無回應退出會議[N].臺灣：中國時報，1999-5-30（2）.

[105]阿扁促修憲落實「兩國論」[N].臺灣：中國時報，1999-7-15（2）.

[106]「李總統」：國民黨絕不支持「總統、國代」延任案[N].臺灣：中國時報，1999-8-12（1）.

[107]「憲法」小修不如不修[N].臺灣：中國時報，1994-4-1（2）.

[108]伍崇韜.「憲改」工程終極目標：凍結「憲法」另訂臺灣基本法？[N].臺灣：中國時報，1999-9-6（2）.

[109]回到一九九二年,法統對法統的年代[N].臺灣:中國時報,2000-4-29(3).

[110]蘇起建議:兩岸以九二共識取代一中爭執[N].臺灣:中國時報,2000-4-29(2).

五、電子文獻

[1]臺灣「外交部外交年鑒」編輯委員會.「中華民國八十八年外交年鑒」[EB/OL].http://multilingual.mofa.gov.tw/web/web_UTF-8/almanac/almanac1999/mo2/b.htm.

[2]臺灣「司法院大法官」解釋.「釋字第261號」[EB/OL].http://www.judicial.gov.tw/constitutionalcourt/p03_01.asp?expno=261.

[3]臺灣「司法院大法官」解釋,「釋字第419號」[EB/OL].http://www.judicial.gov.tw/constitutionalcourt/p03_01.asp?expno=419.

[4]臺灣政治大學選舉研究中心重要政治態度分佈趨勢圖[EB/OL].http://esc.nccu.edu.tw/modules/tinyd2/index.php?id=3.

[5]Sheila Miyoshi Jager.The Politics of Identity:History,Nationalism,and the Prospect for Peacein Post-Cold War East Asia[EB/OL].http://www.strategicstudiesinstitute.army.mil/pubs/display.cf pubID=770.

[6]臺灣基督長老教會「臺灣主權獨立宣言」(1991年)[EB/OL].http://acts.pct.org.tw/bulletin/announce.ASP?id=051.

六、學位論文

[1]黃安然.李登輝與戰後臺灣「憲法」變遷[D].臺北:臺灣大學國家發展研究所,2004.

[2]孫玉平.臺灣民主化與「國家意識」：影響「國家意識」轉變之內外因素[D].臺中：中興大學國際政治研究所，2006.

[3]廖育信.全球化對臺灣國家認同的影響[D].臺北：臺灣大學國家發展研究所，2007.

[4]曾麗蒨.李登輝時代第四次「修憲」議題之探討——以「中央政府體制」為例[D].臺北：臺灣師範大學三民主義研究所，2001.

[5]蘇子喬.臺灣「憲政體制」的變遷軌跡（1991-2006）——歷史制度論的分析[D].臺北：臺灣政治大學政治學系，2007.

[6]賴志遠.李登輝主政時期美中臺三邊關係之研究[D].臺中：中興大學國際政治研究所，2007.

[7]李昭鈴.李登輝政治領導風格之研究[D].南投：暨南大學公共行政與政策學系，2008.

國家圖書館出版品預行編目(CIP)資料

大陸看李登輝對臺灣政治轉型與分離主義的影響 / 張文生 編著.
-- 第一版. -- 臺北市：崧燁文化, 2019.01

面 ； 公分

ISBN 978-957-681-685-7(平裝)

1.臺灣政治 2.政治轉型

573.07　　　107022178

書　名：大陸看李登輝對臺灣政治轉型與分離主義的影響
作　者：張文生 編著
發行人：黃振庭
出版者：崧燁文化事業有限公司
發行者：崧燁文化事業有限公司
E-mail：sonbookservice@gmail.com
粉絲頁　　　　　　網　址：
地　址：台北市中正區重慶南路一段六十一號八樓815室
8F.-815, No.61, Sec. 1, Chongqing S. Rd., Zhongzheng Dist., Taipei City 100, Taiwan (R.O.C.)
電　話：(02)2370-3310　傳　真：(02) 2370-3210
總經銷：紅螞蟻圖書有限公司
地　址：台北市內湖區舊宗路二段121巷19號
電　話：02-2795-3656　傳真：02-2795-4100　網址：
印　刷：京峯彩色印刷有限公司（京峰數位）

　　本書版權為九州出版社所有授權崧博出版事業股份有限公司獨家發行電子書繁體字版。若有其他相關權利及授權需求請與本公司聯繫。

定價：400 元

發行日期：2019 年 01 月第一版

◎ 本書以POD印製發行